A Consultant Father Teaches His College Daughter
SIMPLE ACCOUNTING

コンサルタントの

父が大学生の娘に教える シンプルな会計

日本キャッシュフローコーチ®協会
代表理事
和仁達也
Wani Tatsuya

かんき出版

私、ユキ。
今、大学３年生。
いずれカフェで起業しようと
思っているの。
でも、理屈や数字が苦手で……。
こんな私でも、
経営者になれるかしら。

もちろん、大丈夫！
パパは経営コンサルタントで、
とくに、会社の数字について
教えるのが得意だから。
ただし、僕の話をちゃんと
最後まで聞いてね。

A Consultant Father Teaches His College Daughter
SIMPLE ACCOUNTING

はじめに

本書のキーワードは**「ざっくり、シンプルに」**です。

25年間のコンサルティング経験から僕が感じているのは、会計に苦手意識を持っている人が想像以上に多いこと。そして、多くの人が会計に求めているのは、「正確さ」よりも「シンプルさ」であるということです。

そして、皆さんが知りたいのは、細かい数字のことよりも、会社のお金の流れがどうなっているのか、という全体像であることもわかりました。

そこで、今回の本には、2つの特色を盛り込みました。

1つは、**大学3年生の娘の協力を得て、対話形式の本づくり**に挑戦したこと。もう1つは、僕のオリジナルツールである**「お金のブロックパズル」を使って、会計のいろいろな課題を読み解く**ことです。

娘は将来、カフェでの起業を夢見ています。ただし、理屈や数字は苦手。そこで、会社の数字を教えるのが得意な僕が、会計の基本的なことから1つひとつかみ砕いて伝えるよう、心がけました。

その際に使ったのが「お金のブロックパズル」という図解ツールです。これは、日ごろ僕がコンサルの現場で活用しているパズルのこと。数字の羅列にしか見えない決算書が、2つのシンプルな正方形に、早変わり。

数字が読めない人でも、会社のお金の流れがざっくり、シンプルに読み解けるようになります。

会社のお金の流れは、人間で言えば血液の流れと同じです。どこかで滞っていたら具合が悪くなり、会社は蝕まれていきます。放っておくと、取り返しのつかない事態になることも。

お金の流れのどこに問題があるのかを見つけ出し、解決策を考えるためにブロックパズルは活用できます。たとえば、一見無理に思える「給料（人件費）を増やしながら利益も増やす」ことも可能になります。

ブロックパズルを使いこなせるようになれば、日常の面倒な数字の問題が、シンプルに解決できるようになります。

お金のブロックパズルは決して難しい会計ツールではありません。皆さんが子どものころ、恐竜や家をつくって遊んでいたレゴブロックのように、楽しく学ぶことができます。

実際に、**女子高生向けにブロックパズルを使ってお金の授業を行ったところ好評を博し**、人気テレビ番組『カンブリア宮殿』で取り上げられたことがありました。その授業から生まれた本は、10万部を超えるベストセラーになっています。

さらに、僕はブロックパズルのおかげで、自分自身の会社の経営やクライアントの支援がスムーズにできるようになり、全国に800人を超えるキャッシュフローコーチの仲間をつくることができています。

文字通り、お金のブロックパズルで人生が変わりました。

本書が、会計に対するイメージがガラッと変わる1冊になりますように！

★本書で紹介している「お金のブロックパズル」は、西順一郎氏が開発した「STRAC表（現・ＭＱ会計表）」をもとに、著者がアレンジしたものです。

★「お金のブロックパズル」は、読者の皆さんに会計をシンプルに理解していただくため、決算書を大胆に簡略化して図解しています。

本書の登場人物

本書は父と娘との対話で進行していきます。基本的に、父が娘に会計について教えていますが、ところどころで和仁家の日常も垣間見られます（笑）。

和仁（父）

51歳。「お金のブロックパズル」の伝道師。主に中小企業向けに経営のコンサルティングをしながら、ブロックパズルで会社の「お困りごと」を解決している。

毎年ホノルルマラソンに出場。40年以上のプロレス・ファンでその要素を仕事にも取り入れている。

日ごろ、仕事仲間やクライアントとは自立したパートナーシップを築いているものの、娘にはチョイ甘め。

ユキ（娘）

21歳。現在、大学３年生。大学に通いながらスターバックスでアルバイトをして、カフェ経営の楽しさに目覚める。

子どもの頃からお金の管理はきっちりとしていたが、難しい数学は苦手。会計は、勉強しなくて済むのなら、したくないと考えている。

昔からK-ＰＯＰが大好き。旅行や留学で海外に行く行動力があるが、性格は穏やかでゆったりしている。

コンサルタントの
父が大学生の娘に教える
シンプルな会計

目次

序章
Money and Accounting

会計をシンプルに理解するために「５分だけ」経営を学ぶ

第１章

Money and Accounting

会社の数字は「２つのパズル」でシンプルに読み解ける

第2章

Money and Accounting

会計がシンプルに身につく ブロックパズルのつくり方と使い方

第3章

Money and Accounting

起業の準備や業績アップにもブロックパズルが効く

第4章

Money and Accounting

ブロックパズルを使って部門別に利益を積み上げる

第5章

Money and Accounting

値上げを実現するにもブロックパズルは使える

第6章

Money and Accounting

取引先選びや就活にもブロックパズルは応用できる

★編集協力　大畠利恵
★カバーデザイン　井上新八
★本文デザイン・図版作成・イラスト　齋藤稔（ジーラム）／齋藤維吹

序章

会計をシンプルに
理解するために
「５分だけ」経営を学ぶ

Money and  Accounting

経営と会計はコインの「表」と「裏」

◉経営の「ゴール」はどこにあるのか

（娘・ユキ）　パパ、事業計画書ってどうやってつくればいいの？

（和仁）え、何、急にどうしたの？

あのね、大学でアントレプレナー（起業家）の養成講座があって。参加してみたら、起業するには事業計画書が必要だって聞いたから。事業計画書に売上や利益の予想を数字で書き込むらしくて、頭が痛くなっちゃったの

なるほどね。でも、今すぐに起業したいって考えてるわけではないんだよね

うん。いつかできたらいいなって感じなんだけど。準備は早くから始めたほうがいいって思って

どんなビジネスをしたいのかは、考えてるの？

うん、カフェ系かな。今、スタバでバイトしてて楽しいし、自分に合ってる気がするんだ

それはいいね！　でもね、事業計画書なんてつくるのはまだ先でいいよ。それよりも、もっと大事なことがある。パパが経営コンサルタントとして25年間やって来て感じているのは、経営やビジネスで大切なことはたった１つってこと

へえー、それって何？

会計の本なのになぜ経営の話から入るの、と感じた方もいるかもしれません。しかし、経営と会計はコインの「表」と「裏」のような関係にあります。まずは、経営とは何か、ということから始めさせてください。

経営やビジネスで最も大切なのは、**「お困りごとを解決すること」**です。

そして、経営とは**「お困りごとの解決をし続けるために、人・モノ・金・情報を最適に使うこと」**と言えます。

社員がいるなら、チーム全員で世の中にあふれているお困りごとを見つけて、解決するために汗をかく。つまり、会社は**「お困りごとを解決するためのチーム」**です。

僕が言っているお困りごととは、**現状と理想のギャップに気づいたときに、どのように理想に近づけばいいか悩んでいる状態**のことです。

★「お困りごと」を解決する4つのステップ

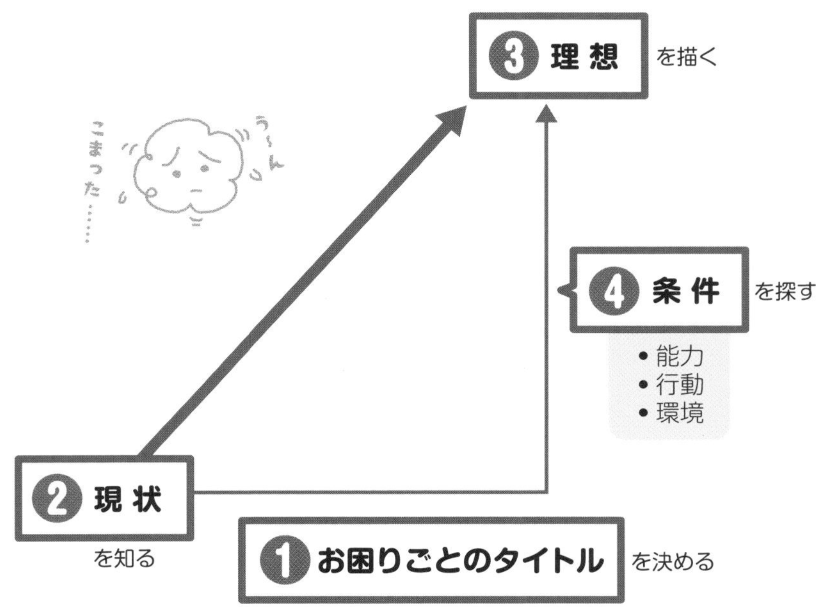

たとえば、今住んでいる部屋が手狭になってきたら、もっと広い部屋に住みたいという理想が生まれます。その現状と理想のギャップを埋めるのが、不動産の仲介業者や大家さんです。

「ペットと一緒に住みたい」

「楽器を演奏できる物件がいい」

「バリアフリーになっていると住みやすい」

など、人によって理想は異なります。理想に近づけたとき、契約が成立します。

そうやって見てみると、**世の中の多くのビジネスはお困りごとを解決することで成り立っている**のだとわかります。

◉第一歩は「お客様のお困りごと」を見つけること

じゃあ、起業するんだったら、そのお困りごとを見つけるところから始めたほうがいいってこと？

そういうこと。パパは独立する前に勤めていた会社で、社員30人以下の小さな規模の社長さんたちに営業してたんだ。そのときに何に困っているのかっていう話を聞き出していったら、業種は違っていても、共通するのは3つのお困りごとだってことがわかったわけ。

うちの社員のやる気がないわーとか？

うん、それもお困りごとっちゃあ、お困りごとなんだけど、もっと根本的なところの問題で悩んでたんだね。

★ 小さな会社の社長が抱える「お困りごとトップ3」

1）会社のお金の流れが漠然として先の見通しが立たないストレス

2）社員との立場の違いが生む「危機感のズレ」によるストレス

3）次のワクワクするビジョンが見えないストレス

この３つは、僕が独立前の営業マン時代に1000人以上の経営者に会って導き出したお困りごとです。

つまり、**この３つを解決すれば会社の目指すべき道が見えてきて、経営者の不安はなくなる**ということです。僕はこのお困りごと解決を自分の武器にして、コンサルティングをしてきました。

そして、どんな職種であってもお困りごとを見つけて解決策を提案できる人は、重宝されます。

僕がもしどこかの会社に就職したいのなら、まずその会社のお困りごとを見つけます。

たとえば、「すごくいい商品を持っているのに、その価値を伝えきれる営業マンが少ない」とか。そのお困りごとを見つけて、「この商品の価値を伝えるセミナーを僕なら開けますよ」と具体的に提案したら、「そういう営業をできる人材が欲しかったんだ！」と喜ばれるかもしれません。

営業では困っていない会社で「僕はこんなセールスができます」とアピールしたところで、「それで？」と流されるでしょう。

誰も言葉にできずにいるお困りごとを見つけて、その解決策を考えられれば、経営者であっても、個人事業主やフリーランスであっても、会社員であっても、会社の売上や自分の収入を増やせます。

◉「売れるもの」より先に「お困りごと解決」を考える

じゃあ、カフェって、何のお困りごとを解決できるのかな。のどが乾いている人に飲み物を提供するとか？

それも、そもそものカフェの目的だけど。でも、それだと世の中にあるその他大勢のカフェの中に埋もれてしまうよね。スタバが世界中に広まったのは、『サードプレイス』ってコンセプトが、カフェでのんびりしたい人たちのお困りごとを解決できているからじゃないかな

そっか！　私がスタバを好きなのも、そういうところだもんね

北海道発のコーチャンフォーっていう大型書店チェーンの話も面白いよ。そこは売り場もすっごく広いんだけど、書籍コーナーだけじゃなくて文具や輸入雑貨のコーナーとか、CD と DVD のコーナーとかドトールも入ってるんだ。食器や食品も売っている。
地方は車で移動するのが日常じゃない？　でも、親が本を欲しくて子どもを連れていっても、子どもは飽きちゃうかもしれない。
その逆もあり得るわけで。そんなお困りごとを、子どもは文具コーナーで買い物するとか、お父さんはカフェで休んでるとか、いろんなコーナーを集めることで解決したんだろうね

ふうん、面白いお店だね

★ スターバックスとコーチャンフォーの「お困りごと解決」を比較する

だからカフェも単にドリンクを出すだけじゃなくて、コンセプトによって工夫の仕方があるってこと。『こういうお困りごとを解決するためのカフェだ』というのが明確であればあるほど、困っている人にはピタッとはまるわけ

そっかあ。じゃあ、友達同士で、コーヒー一杯でずっとおしゃべりしてても誰にも何も言われないカフェとかいいかも！

それって、学食でいい気がする（笑）

Money and Accounting

会計とは「お困りごと解決」をお金に換算すること

◉お困りごとは「相手起点」で考えるのがポイント

お困りごとを考えるときの基本は、「相手起点」で考えるという点です。

これはどのステージのお困りごとでも同じです。

今は、「なりたい自分になる」とか、「好きなことを仕事にする」と、自己実現をするのを前提としている若者も多いでしょう。

相手起点で考えると聞くと、「それだと自分が好きな仕事をできない」と感じるかもしれませんが、順番の問題だと思います。

たとえば、「自分はミステリー小説を読むのが大好きなので、それを前提にしたビジネスをしたい」と考えたとき、ただ「自分が好きな本を集めた本屋をつくる」では、自己満足になります。

けれども、「本を読みながら寝落ちする人が多い。そういう人は、そのまま眠ってしまいたいんじゃないか？」と相手のお困りごとを起点にしたら、「泊まれる本屋」というコンセプトが生まれるかもしれません。

ですので、まず相手起点で考える、次に自分がやりたい解決策を織り交ぜるという順番なら、結果的に「自分がやりたいビジネスをしている」と言えるのではないでしょうか。

おそらく、その問題やテーマに関心を向けるという時点で、何割かは自分の意思が入っています。相手が求めていること 80％、自分がやりたいこと20%ぐらいのバランスかもしれません。

いったん相手起点で振り切ってお困りごとを見つけた後で、どう解決するかを考えるときに、「自分だったらこんなやり方で解決する」と、自分らしさを織り込めます。

そっか。相手のお困りごとを考えようと思い浮かんだ時点で、ちゃんと自分起点が入ってるってことなんだね

そういうこと。相手起点のお困りごとを見つけるためには、相手のやっていることに興味を持って話を聞くのが一番。ユキだったら、バイト先の上司とか、一緒に働いているバイト仲間に、『今、何に困ってる?』って聞いてみるとか

えっ、いきなりそんなこと聞いたら、『どうしたの?』って警戒されそう

それもそうだね。その場合は、『将来に備えて、お困りごとのリサーチしてるんです』とか言えばいいんじゃない?　もし、お客さんのお困りごとにアプローチしたいんだったら、アンケートを取るとか。

一人で勝手にやるわけにはいかないだろうから、お店に『顧客満足度の向上のために、アンケートをやってみませんか?』って提案するとかね。お店にとってもいい提案だと思うよ

◉お困りごとの解決によって「報酬」が生まれる

で、ここまでお困りごとの話をしてきたけど。そもそも、パパが考える起業の目的って、『納得の経済的報酬を得ながら、ミッションや理念に沿って理想を実現すること』なんだよね。経済的パフォーマンスを鑑みながら、ミッションや理念の実現を目指すことなんだ

何それ。何かの呪文?

ごめん、難しすぎたか（笑）。つまり、世の中のお困りごとを解決するのも大事だけど、自分が納得する報酬を得られるのも大事だってこと。会社のスタッフとして、社長の理念に共感して働くことができたら幸せだと思う。でも、もし、自分の思いに忠実にやれなかったり、違和感があるなら、ちょっと考えたほうがいい。自分ではあんまりよくないと思ってる商品でも、会社に売れって言われたら、売るしかないし。自分がイヤだな、なんか引っかかるなってことをしたくなければ起業するのが一番。自分のミッションや理念に従って、やりたいことをやれるから

人に使われるよりも使う人になれって、学校に来た起業家の人も言ってた

使う使われるって表現は、パパはあんまり好きじゃないけど、そういうことだね。ただ経済的にも報われないと続かないと思うんだよね。自分の生活は苦しくても人のために働くのって、それは素晴らしいことだけど、いつか心が折れちゃうかも。お金を十分に稼げることと、お困りごとを解決すること、これがビジネスを長く続けるための車の両輪になるんだ

私もカフェをつくったら、やっぱりそれで食べていけるようになりたいし

そうだよね。それで、納得の報酬を得られるようになるために必要なのが、会計なんだ

★ お困りごと解決とお金を稼ぐことは車の両輪

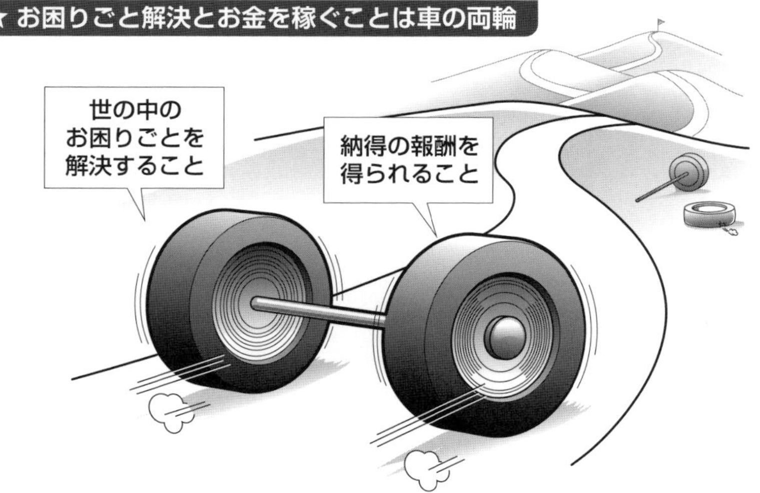

ここまで読みながら、「会計の本なのに、何でお困りごと？」と思った方もいらっしゃるかもしれません。

僕は、**「お困りごと解決」という仕事をお金に換算して、数値化したものが会計だ**ととらえています。まさに、経営と会計はコインの「表」と「裏」のような関係にあるのです。

次の章から会計についての解説に入りますが、まずここで、お困りごとと会計がどのように結びつくのか、先にお伝えしておきます。

・損益計算書（PL）は、「お困りごと解決チーム」の今期のテストの結果である
・貸借対照表（BS）は、「お困りごと解決チーム」の累計の成績表である
・売上とは、「お困りごと解決」で貢献した総エネルギー（価値）を数値化したものである
・費用とは、「お困りごと解決」のために要したエネルギー（価値）を数値化したものである
・利益とは、「お困りごと解決」のご褒美として残ったエネルギー（価値）を数値化したものである

★ 会社のお金のことが一目でわかる「ブロックパズル」

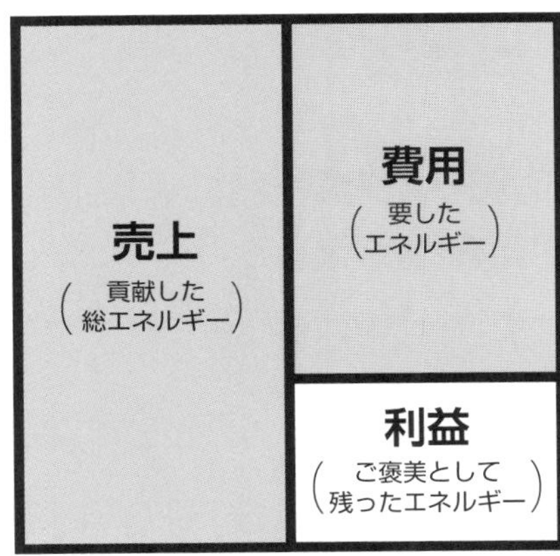

今、これだけを読んでもピンとこないかもしれませんが、頭の片隅に置いておくと、次の章からの話の納得度が高くなると思います。

会計について学ぶときに、損益計算書（PL）や貸借対照表（BS）といった専門用語は必ず出てきます。それらを単なる数字や専門用語としてとらえるのではなく、「お困りごと」を起点にして考えると、たちまち会計は血の通ったツールになります。

僕がこの本でお伝えしたいのは、無味乾燥な会計の知識ではなく、仕事や家庭のお困りごとを解決するためのシンプルな会計の知識です。

それは必ず皆さんの武器になり、先行きが見えない時代であっても方向を見失わずに、しっかりと目標に向かって歩んでいくための羅針盤となるでしょう。

この章のまとめ

- **経営と会計はコインの「表」と「裏」のような関係にある**
- **経営（ビジネス）とはお客様の「お困りごと」を解決することである**
- **会計とは「お困りごと解決」の価値をお金に換算することである**

第1章

会社の数字は「２つのパズル」でシンプルに読み解ける

Money and Accounting

会計は「ザックリわかる」だけでいい

◉「会計ソフトに任せておけば大丈夫」は本当か？

（和仁）ユキは会計について、どんなイメージを持ってる？

（娘）うーん、苦手。難しそう

なるほどね。でも、自分の会社なのに年間でどれだけ利益を出しているとか、どれだけコストがかかっているとか、わからないまま経営していたら危なすぎるよね。それは車がビュンビュン走る道を目隠しをして歩いてるようなものだと思う

でも、私、数学は苦手だし

数学が苦手でも大丈夫。すごくシンプルで難しい公式とかは全然使わないから。ユキは子どもの頃からお小遣い帳をつけてたでしょ？

うん、小４ぐらいからやってる。最初はお小遣い帳につけてて、高校ぐらいからは携帯のアプリでやってる。今はもう、お金を使ったらすぐ打ち込んでる。今、いくら持っているのか把握できてないと落ち着かない感じ

企業の会計はそれと同じなんだよ。今、会社にどれぐらいお金があって、何に使われているかわからないと怖いでしょ？　それと、会計を知っておけば、ビジネスの利益を２倍３倍に増やすこともできるし

それって、会社をつくってから勉強するんじゃダメなの？

パパは経営を考えはじめたら、すぐに会計を学ぶべきだって思う

でもでも、テレビでよく会計ソフトのCMやってない？　ああいうのを使えばいい気がするんだけど

おっ、すごくいい着眼点だね！

おそらく、会計について多くの人が考えるのは「会計ソフトを使えばいい」「外部の会計のプロに委託すればいい」「これからはAIがやってくれる」といったことではないでしょうか。

それに対する僕なりのアンサーは、「最終的な経営判断は経営者しかできない」です。どんな便利なツールを使っても、ツール任せにはできません。

会計ソフトにしろ、外部のプロにしろ、帳簿をつくったり会計の書類を作成する作業はやってもらえます。AIなら瞬時に作成しそうですね。

経営者は、たとえば経理部長がつくってくれた会計の書類を見て、「社員を増やすか」「設備投資をするか」「商品の値上げができるか」などと判断するのが仕事です。その判断材料として、データを読み解く知識がある程度は必要になります。

今話題のChatGPTは優秀なので、「我が社は海外に事業展開するべきか？」と投げかけたら、それっぽい回答をしてくれるかもしれません。選択肢を示してくれたり、その選択肢を実行するための根拠を裏付けるデータを探すぐらいのことはしてくれるでしょう。

けれども、それを鵜呑みにした社長が「AIがいいと言っているから海外事業をやろう！」なんて社員に言ったら、みな「うちの会社は大丈夫か？」と青ざめるでしょう。

★AIに経営を任せられますか？

「今はこういう理由で、海外に出ていくべきだ」と自分自身が納得し、まわりも納得するような根拠を示すには、やはり数字が必要で、そのために会計の知識が必要になります。最終的にリスクを取って判断するのは経営者自身です。

でもね、私が考えてるのは小さなカフェなんだ。そんなに本格的な会計とか、必要なくない？

確かに、会計の知識がなくてもそこそこやっていけるとは思うよ。ただ、最初は小さい規模でも、規模を大きくしていったり、人を雇ったりしたくなるかもしれないよね。ネットで話題になってお客さんが増えて、『うちの地域にも出店しませんか？』なんてお誘いがあったらどうする？

それは……嬉しい★

だよね。そのときになってからバタバタするより、小さいお店の段階でお金の入りと出についてのバランス感覚を身につけておくと、大きくなったときに安定した経営ができるわけ。扱う額が小さいうちに、お店をちゃんと黒字体質の健康な状態にしておいて、それを維持しながら規模を拡大すると、ずっと利益を出せる。そうすれば、赤字まみれとかで苦労するリスクがグンと減るんだ

それを聞いたら、会計を覚えたほうがいいのかなって気になってくる

もしカフェを開かなかったとしても、どこかの会社に勤めて社員になったり、手に職をつけてフリーランスでやっていくにしても、会計の知識があると自分の武器にできるのは間違いないよ

◉新しいことを学ぶときの魔法の言葉「脱★完璧主義」

 会計について興味が出てきた？

 んー、難しくないなら、勉強しときたいな

 うん、大丈夫、難しくないから。最初から正確に覚えようとしなくていいし、ざっくりと理解できればいいから。パパがいつも言ってるでしょ？『脱★完璧主義』って

ここから本格的に会計の話に入っていきますが、まず皆さんに覚えていただきたいのは「脱★完璧主義」という考え方です。

これは、僕がクライアントやセミナーの受講者さんによく伝えているキーワードですが、会計のように専門的な分野を新たに学ぼうとするときこそ必要です。

専門的な分野で正確さを追求すればするほど、言葉がどんどん増えて難しくなります。税理士や会計士の資格を取るのならともかくとして、そうでないなら、ざっくりと理解できればいいのだと考えましょう。

僕が完璧主義を勧めない場面が２つあります。

１つは、**新しいことをはじめるとき**。

新しい挑戦をするときに完璧主義だと、はじめの一歩をいつまで経っても踏み出せなくなります。

「まだ準備が足りない」「もっと完璧にしないと」と言い続けているうちに、あっという間に１年、２年経ってしまうのは、よくある話です。起業するときも、「絶対にヒットするビジネスを立ち上げよう」と考え

ているうちに、結局起業しないまま終わるケースは珍しくありません。

とにかく、最初は30点のレベルでもいいから、やってみる。そこから、トライ＆エラーを繰り返して80点の合格ラインまで一気にいってしまう方法が、一番早く成功にたどり着けます。

会計を学ぶときも同じです。１つひとつを完璧に覚えてから次に進んでいたら、よほど時間に余裕があるか、勉強が好きでない限り、途中で挫折します。まず、おおまかな構造を理解すれば十分です。

２つ目は、**人に何かを任せるとき**です。

いきなり合格点を求めすぎると、相手がついていけなくなってつぶれてしまうことがあります。だから最初はできていなくても目をつぶって、「50点だけどよし」として、教えながら合格点を超えられるように導いていくと、長期的にみて良い結果になることが多いです。

◉決算書とはお金の「流れ」と「状態」を示すもの

で、会計についてのファーストレッスンは、まず決算書から。決算書って何かわかる？

なんとなく聞いたことはある

そうだよね。決算書というのは、簡単に言うと会社が１年間活動した結果、いくら売上を上げていくら経費を使って、いくら残ったかという報告書。正式には財務諸表って言うんだけど、聞いたことはあるかな？

んー、聞いたことはないかな

そうか。決算書は税務署に法人税を申告するときに必要だったり、銀行から運転資金を借りるときとか、上場している企業は株主に投資してもらうために必要になるんだ。それに、経営者が自分の会社の経営がどんな状況になっているのかをつかんでおくためにも必要だね

ふーん

決算書には主に、損益計算書（PL）と貸借対照表（BS）とキャッシュフロー計算書の3つがあるんだ。全部を覚える必要はないよ。損益計算書（PL）と貸借対照表（BS）の2つを覚えれば、ほぼ会計はカバーできる

いきなり漢字5文字だと覚えづらい……

そうだね。損益計算書はPL、貸借対照表はBSって呼ばれてるから、そっちのほうがわかりやすいかな

あっ、PLとBSは聞いたことがある。なんか、同じ学校を卒業生した社会人から話を聞く授業があって。仕事でそれをつくってるって

お、いいね！　じゃあ、下に載せたのはある会社のBSなんだけど、まず資産の部があって、2つに分かれる。流動資産と非流動資産、この非流動資産を固定資産って言うんだけど、その両方を合わせたものを

★「ある会社」のBS（2022年8月期）（単位：百万円）

資産	
流動資産	
現金及び現金同等物	1,358,292
売掛金及びその他の短期債権	60,184
その他の短期金融資産	123,446
たな卸資産	485,928
デリバテイブ金融資産	124,551
未収法人所得税	2,612
その他の流動資産	23,835
流動資産合計	2,178,851
非流動資産（固定資産）	
有形固定資産	195,226
使用権資産	395,634
のれん	8,092
無形資産	76,621
長期金融資産	164,340
持分法で会計処理されている投資	18,557
繰延税金資産	8,506
デリバティブ金融資産	134,240
その他の非流動資産	3,690
非流動資産（固定資産）合計	1,004,911
資産合計	3,183,762

負債及び資本	
負債	
流動負債	
買掛金及びその他の短期債務	350,294
その他の短期金融負債	209,286
デリバティブ金融負債	1,513
リース負債	123,885
未払法人所得税	77, 162
引当金	2,581
その他の流動負債	111,519
流動負債合計	876,242
非流動負債	
長期金融負債	241, 022
リース負債	356,840
引当金	47,780
繰延税金負債	44,258
デリバティブ金融負債	44
その他の非流動負債	2, 171
非流動負債合計	692,117
負債合計	1,568,360
資本	
資本金	10,273
資本剰余金	27,834
利益剰余金	1,275,102
自己株式	△14,813
その他の資本の構成要素	263,255
親会社の所有者に帰属する持分	1,561,652
非支配持分	53,750
資本合計	1,615,402
負債及び資本合計	3,183,762

資産合計といって……

あ、ごめん、急用思い出した。また今度ね

えっ、何何何、どうしたの、急に。どこ行くの？

だって……難しくないって言ってたのに、超難しいんだもん……

ごめん、これを覚える必要なんてないから！　逃げたくなるぐらいに難しいよねって知ってほしくて見せただけだから！　おーい、戻ってきて〜

いきなり専門用語ぎっしりの決算書を見せられたら、逃げたくなりますよね（笑）。

娘は逃げてしまいましたが、それぞれの3つの決算書がどんなものなのか、ざっくりとご紹介しましょう。

• 損益計算書（PL）　〜「どれだけ儲かってるの?」

売上から経費を除いて、いくら利益が出たのかを示したのが損益計算書（PL）です。

もっと簡単に言えば、企業に「入ってくるお金（利益）」と「出ていくお金（損失）」を表しているから「損益」になります。英語では「Profit and Loss Statement」となり、それを略してPLと呼ばれています。

要は、どれだけ儲かっているのかを表したのがPLです。

ここでは「売上総利益」「営業利益」「経常利益」「税引前（当期純）利益」

★ 損益計算書（PL）

項目	金額	項目	金額
売上高	888,888	特別利益	888
売上原価	888,888	特別損失	8,888
売上総利益	888,888	税引前（当期純）利益	88,888
販売費及び一般管理費	888,888	法人税等	88,888
営業利益	888,888	（税引後）当期（純）利益	88,888
営業外収益	8,888		
営業外費用	8,888		
経常利益	888,888		

「(税引後)当期(純)利益」という5つの利益に着目してください。

• 貸借対照表(BS) ～「どれだけお金があるの?」

企業が持っている資産の状態を表したのが貸借対照表(BS)です。

現金として持っているのか、在庫(たな卸資産)として持っているのか、土地や建物として持っているのか。さらに、自分のお金だけで建てた建物なのか、銀行から借金して建てた建物かによっても、意味合いが変わってきます。

たとえば、豪華な家に住んでいても、すべて借金だったら、これから返済に追われて大変になります。同じ豪華な家を無借金で建てているなら、入ってくるお金をすべて返済以外に使えるので豊かに暮らせます。それがわかるのが貸借対照表(BS)です。

★ 貸借対照表(BS)

資産の部	負債の部
流動資産	流動負債
現金及び預金	支払手形及び買掛金
受取手形及び売掛金	短期借入金
有価証券	1年以内に返済予定の長期借入金
たな卸資産	未払法人税等
繰延税金資産	賞与引当金
貸倒引当金	流動負債合計
流動資産合計	固定負債
固定資産	長期借入金
有形固定資産	退職給付引当金
無形固定資産	固定負債合計
投資その他の資産	負債合計
固定資産合計	純資産の部
	株主資本
	資本金
	資本剰余金
	利益剰余金
	その他包括利益累計額
	純資産合計
資産合計	負債純資産合計

左が資産、右が負債と純資産に分かれていますが、資産＝負債＋純資産なので、左右の合計値は同じになります。左右の金額が均衡を保っていることから、英語ではBalance Sheet、略してBSと呼ばれています。

・キャッシュフロー計算書　～「どれだけ流れているの?」

キャッシュフローは「お金の流れ」です。

会計では「発生主義」と「現金主義」という考え方があります。

取引が発生した時点で収益や費用を認めて、実際にお金のやりとりをしていなくてもPLに入れてしまうことを発生主義と呼びます。たとえば、知り合いのお店で売ってもらうためのTシャツをつくって、渡したとします。その際に、「支払いは来月、振り込むね」と言われたら、現金は入っていなくても、PLでは売上にカウントしてもいいということになっています。

対して、現金主義では本当にお金が入ったり出たりするときに収益や費用を確定します。Tシャツの代金が支払われるまで売上にカウントしてはいけません。

★キャッシュフロー計算書

営業活動によるキャッシュフロー	
税金等調整前当期純利益	888,888
減価償却費	88,888
売上債権の増減額	888,888
たな卸資産の増減額	888,888
仕入債務の増減額	88,888
退職給付に係る負債の増減額	\888
減損損失	\888
受取利息及び配当金	\888
支払利息	8,888
小計	\888
利息及び配当金の受取額	8,888
利息の支払額	8,888
営業活動によるキャッシュフロー	888,888

投資活動によるキャッシュフロー	
有形固定資産の取得による支出	\888
有形固定資産の売却による収入	\888
敷金及び保証金の増加による支出	\888
投資活動によるキャッシュフロー	
財務活動によるキャッシュフロー	8,888
長期借入による収入	\888
長期借入金の返済による支出	\888
配当金の支払額	8,888
財務活動によるキャッシュフロー	888,888
現金及び現金同等物の増減額	88,888
現金及び現金同等物の期首残高	8,888
現金及び現金同等物の期末残高	88,888

前者の場合、PLでは黒字になっているけれども、手元にはまだお金がないという状況になります。

発生主義と現金主義のギャップを埋めるために必要になるのが、キャッシュフロー計算書です。1年間の現金の出入りをまとめて、最終的に1年間でお金がいくら残っているのかを計算した報告書です。

ただし、キャッシュフロー計算書まで入れると話が複雑になるので、本書ではPLとBSを中心に説明していきます。

そもそもですが、経営判断に使う目的において、決算書を完璧に読む必要はありません。

けれども、決算書をまったく理解しないまま会社を経営するのは、冒頭でお話ししたように目隠しして走るようなものです。

目隠しして走ったら何が起きるか。考えるまでもなく、つまずいて転んだり、壁にぶつかったり、人や車にぶつかったり、5メートルも進めないかもしれません。

何もない広いグラウンドであれば目隠ししてもそこそこ走れると思います。バブルが崩壊するまでの日本は、そういう状況でした。右肩上がりの成長を約束され、銀行もどんどんお金を貸してくれましたし、円が強かったので海外に進出して不動産を買いあさったりもしていました。

しかし、今の世の中は、時代が進むスピード感がどんどん上がり、高速道路でビュンビュン車が行き交っているような状況です。それでも目隠しをしたまま走れるでしょうか？

僕は今まで大勢の中小企業の経営者とやりとりしてきましたが、自社の売上や利益、借金ぐらいはわかっているけれども、それ以外はわかっていない方が少なくありませんでした。

決算書をある程度理解できるようになると、どうやってお金を回せばいいのかが見えてきます。「人手が足りないから人を増やそう」「この商品、売れてるからもっとラインナップを増やそう」と感覚的に判断するのではなく、数字を元に自社の身の丈に合った経営判断ができるようになります。

◉誰もが会計の知識を身につけるべき理由とは

ふう、コーヒーおいしい……

落ち着いたかな。いきなり数字がびっしり並んでいる表を見せちゃったから、拒否反応が出ちゃったんだよね

みんな、こんな難しいことを勉強して経営者になろうとしてるのかな

いや、いきなり起業しちゃう人も多いよ。起業して、走りながら学んでいくのもアリだと思う

そんな話を聞いたら、起業するのが怖くなってくる……

その気持ちはわかるよ。でもね、今はどこかの企業で正社員になったとしても、一生安泰に暮らせる時代でもないから

うん、それはわかる。大学の卒業生で、ホテルに就職したのにコロナ禍でクビになっちゃった人がいるって聞いたし

そうだよね。だから、自分で起業するスキルや知識を身につけておくのは、自分を守ることになると思うんだ。そのために誰でも会計を学んでおいたほうがいいって話。本格的に起業しなくても、普通の会社に勤めて、土日だけカフェを開いて副業することだってできるでしょ？　それに、残念ながら、日本はまだまだ女性が活躍できる社会になってるとは言えないからね

あー、それもわかる……。スタバでパートの主婦の人と話してたら、結婚して出産で会社を辞めるしかなくて、再就職先を探しても全然見つからなくて、飲食店のスタッフかスーパーのレジ打ちぐらいしか見つからな

かったって言ってた

地方はなおさらそうだろうね。都心でも、育休制度がしっかり整っている会社に就職できればいいけど、保育園の待機児童の問題があって結局会社を辞めるしかない人もいるし。ユキが家庭を持つころまでに子育てしながら働く体制がしっかり整っていればいいけど、そうでなかったら、会社を辞めることになるかもしれない。とはいえ、パートナーの稼ぎだけでやっていけたらいいけど、そうでなかったら、パートとして働くか、手に職つけるか、起業するか、になるよね

はあ〜、つらいな〜

だから、会計もある程度は勉強して起業に備えておけば、どんな状況になってもやっていけるって思うんだ。それに、ユキはこれから就活があるけど、会計の知識は会社選びにも役立つよ

えっ、そうなの！？

うん。気になる会社の決算書を調べて、将来性があるかどうかを分析できるし、利益はたくさん出ているのに人件費に還元してないなら、『ここはブラックかもしれない』とか、判断できるんだ

それができるなら、いいなあ

でしょ？　それに、正社員になってからも使えるよ。もし営業部に配属されたら、売り先の企業の決算書を調べて、『ここは資金力があるから、高いサービスを提案できる』とか戦略を立てられるからね

もしかして、就活の面接で、『会計の知識がちょっとあります』とかアピールできるのかな？

もちろん！　それはどこの企業も欲しがるかもね。数字をもとにいろんな戦略を立てられますってアピールすれば、引く手あまただと思うよ

それなら覚えたい！

と、やる気になったところで。続き、行こうか

Money and Accounting

会社の数字は「2つのパズル」で表せる

◉とりあえず会計はこれだけ覚えればいい!

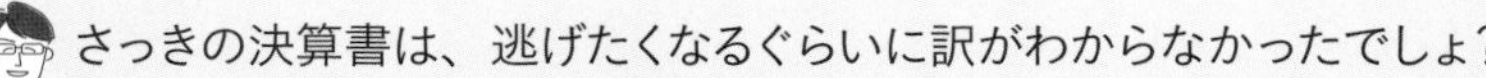

さっきの決算書は、逃げたくなるぐらいに訳がわからなかったでしょ?

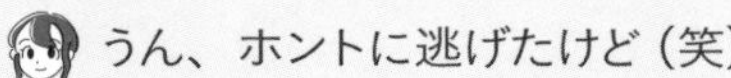

うん、ホントに逃げたけど(笑)

それは正しい反応。会計って、わざわざ複雑にしてるんじゃないか?って思いたくなるぐらいに複雑なんだよね。専門用語が多すぎるし、ルールも多いし。会社経営においては、そんなの覚えなくてもいいんだ。それこそ、会計士とか、専門家に任せればいい。僕がこれから教えるのは、『これだけ知っておけば会社経営をやっていける』っていう、たった1つの方法なんだ

そんな方法があるんだ

それが、「お金のブロックパズル」です。ジャーン!

これって、パパが前から使ってるパズル？

そうそう。僕の考えでは、会計って、お金のブロックパズルだけ覚えればいいんだ。いろんな会計のお困りごとは、すべてお金のブロックパズルで解決できるとも言える

え、そうなんだ。すごい！

さっき見せたBSをブロックパズルにすると、こうなるよ。資産と負債、純資産の3つの要素だけ。数字は仮に入れてみたものだけど

★ 貸借対照表（BS）

えっ、あのゴチャゴチャした表が、これ？

そう、スッキリしたでしょ？　もう1つ、PLをブロックパズルにすると、こんな風になる。売上と費用、利益の3つの要素だけ。数字は仮に入れてみた

★ 損益計算書（PL）

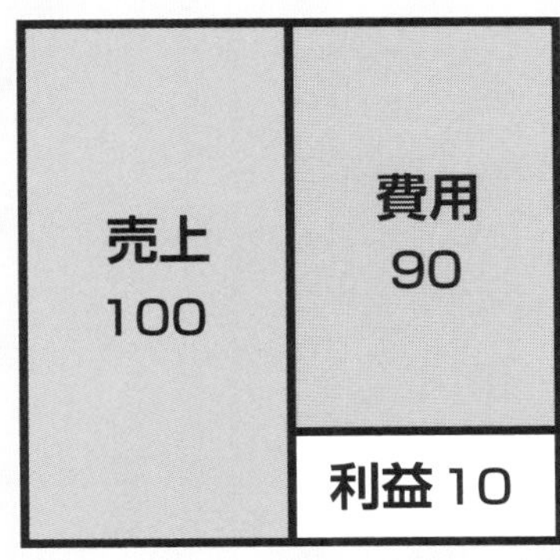

えっ、これ、両方とも3つの要素しかないってこと？

そういうこと

なあんだ。あんなにゴチャゴチャと難しい言葉が並んでたけど、この3つを説明してたってことなんだ。シンプルだね

ホント、なあんだって感じでしょ？　さっきお小遣い帳の話をしたよね。PLは、要は企業のお小遣い帳で、『どれだけ儲かってるの？』を表してるんだ。それで、今持っている資産がBSで『どれだけお金や資産を持ってるの？』ってこと。ユキもお年玉やお祝いを貯金してるよね。BSの右側は、『よそからの借入』や『本業の利益』など、どこからお金を調達したかの『実態』を表す。そして左側は、『現預金』『在庫』『車』などのように、調達したお金をどんな形で保有しているかの『表現方法』を表しているんだ。

お小遣帳よりは複雑だね！

でね、さっき（序章）会社は『お困りごと解決チーム』だって話したけど、PLとBSはお困りごとにちゃんと関係するんだ

そうなの？

人のお困りごとを解決するには、まず自分たちの状態を把握しておかないと、どんなお困りごとをどう解決できるかがわからないからね。学校でたとえるなら、PLは、『お困りごと解決チーム』の今期のテストの結果。BSは、『お困りごと解決チーム』の成績表って感じかな。学校では、一定期間頑張って勉強して、テストの点数を上げようとするでしょ？　それがPL。それが積み重なった結果が『その人の学力の状態』として成績表に反映されるよね。それがBS

テストや成績表を採点するのは誰なの？

おっ、鋭い質問。そうだね、PLやBSをつくるのは自分たちなんだけど、数字はお客様からのその会社に対する評価のようなものなんだ。いい

商品をつくったり、いいサービスを提供したら、お客様は喜んで買ってくれる。そうすると業績が上がって、テストの結果はよくなる。でも、それが単発だったら、あっという間にテストの成績は悪くなる。それを総合的に判断するための成績表が必要なんだ

お困りごとをたくさん解決したほうが、成績もよくなるってこと？

そういうこと！ PL と BS の関係をつなげてお金の流れを表すと、こうなるよ

PLでお金が①入って、②出て、③残る。そしてBSにお金が④貯まる、という感じだね。それで、このPLとBSの解像度をさらに高くすると、次ページのようになる

解像度が高いって？

より内容を詳しくするってこと

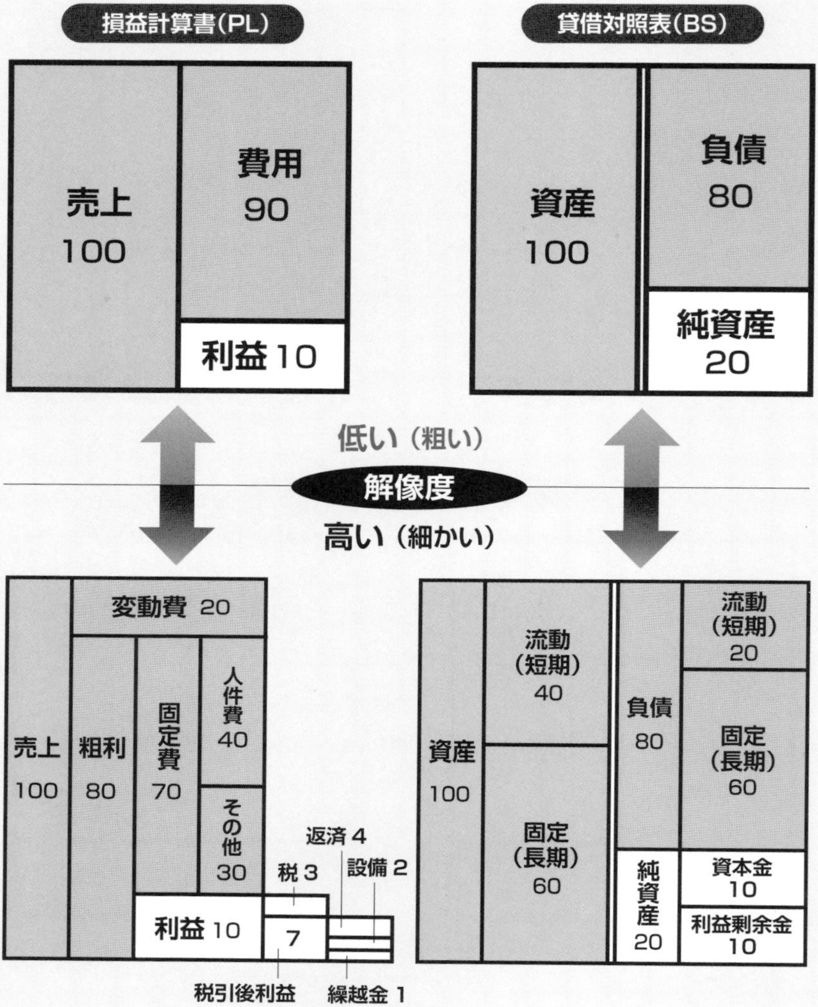

損益計算書(PL)

売上 100	費用 90
	利益 10

貸借対照表(BS)

資産 100	負債 80
	純資産 20

低い(粗い)

解像度

高い(細かい)

売上 100
変動費 20
粗利 80
固定費 70
人件費 40
その他 30
利益 10
税 3
7
税引後利益
返済 4
設備 2
繰越金 1

資産 100
流動(短期)40
固定(長期)60
負債 80
流動(短期)20
固定(長期)60
純資産 20
資本金 10
利益剰余金 10

※1 お金のブロックパズルの利益は、目的によって「営業利益」「経常利益」「税引前利益」などを使い分けます。
※2 税引後利益から株主配当を支払う場合があります。

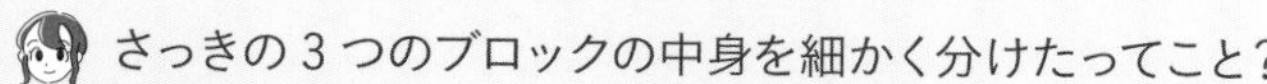

さっきの 3 つのブロックの中身を細かく分けたってこと?

そうそう、そういうこと。実際の PL と BS は、もっと細かい項目で成り立ってるけど、それをざっくりとまとめたらこういうブロックパズルになるんだ

これぐらいなら、何とかついていけそう。ところで、このPLにある売上と利益って違うものなの？

うん、それは大事な質問だね

売上は、正式名称は「売上高」です。

売上は商品やサービスがどれぐらい売れたのかを示す数字、利益は家賃や材料費、人件費などのコストをすべて引いて「最後にどれだけ儲かったか」を示す数字です。

これらをお困りごとに結びつけると、以下のようになります。

- 売上とは、**「お困りごと解決」で貢献した総エネルギー（価値）**を数値化したもの
- 費用とは、**「お困りごと解決」のために要したエネルギー（労力）**を数値化したもの
- 利益とは、**「お困りごと解決」のご褒美として残ったエネルギー（価値）**を数値化したもの

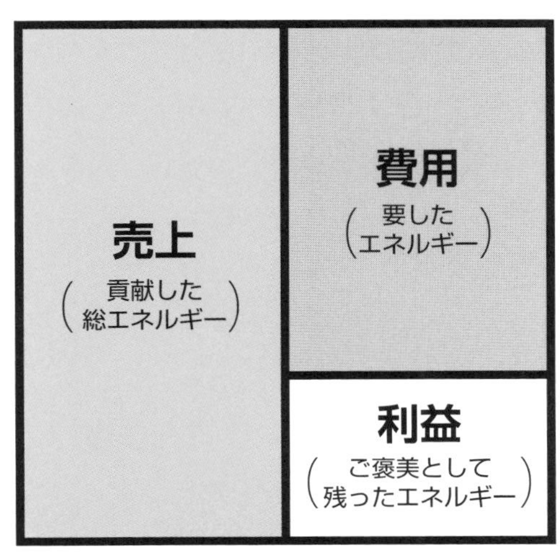

たとえば、歯医者なら患者さんの治療をすることは、そのままお困りごと解決になります。

すべての患者さんからいただいた治療代が売上です。

治療のために最新の治療道具や薬剤をそろえたり、レントゲンを撮ったり、キューイーンと歯を削る電気代など、いろいろなコストがかかります。それが費用です。

そして、治療代から費用を引いたのが利益で、頑張ってお困りごとを解決したご褒美のようなものです。

ただ、利益が全部残るわけではありません。ここから税金を払ったり、銀行に融資を受けているなら返済をしたり、設備投資をしたりして、最後に残ったものをようやく預貯金（繰越金）として残せます。

つまり、「どれだけ儲かっているの？」「どれだけお金を持っているの？」、この２つの財務状態を考える必要があるのです。それを表したのが損益計算書（PL）と貸借対照表（BS）なのです。

ところで、「売上と利益、どちらが大事なのか？」と考える中小企業の経営者の方は少なくありません。どちらも大事ですが、**利益をより増やすことが企業にとっての命題**になります。

なぜなら、利益は企業の未来につながるお金だからです。

たとえば、コロナ禍で売上が激減した企業は多くありました。

それでも、今までの利益が会社に残っていれば、苦しくても何とかしのげたはずです。利益は苦しい時期の命綱になるということです。

また、新たに事業を始めたい、支店や店舗を増やしたいなどの積極的な展開をしたいときも、過去に積み立ててきた利益からお金を出すことになります。

いくら売上が過去最高だったとしても、利益が残ってないなら、新たな投資もできません。目先のお金の流れだけで「この商品は爆売れしてるから、ガンガン店を増やそう！」などと判断したら、落とし穴にはまってしまうでしょう。

たとえば、販売費用などはゼロとして考えると、1個100円で仕入れたリンゴを110円で100個売ると、売上は1万1000円で利益は1000円になります。もし1個100円のリンゴを1個1000円で5個売ったらどうなるでしょう？　売上は5000円、利益は4500円です。

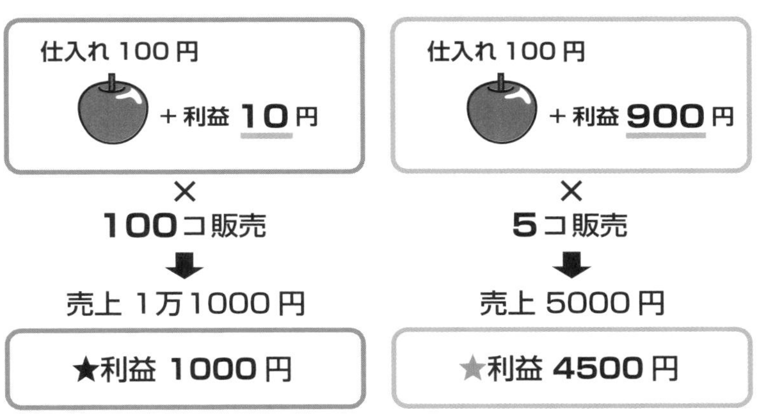

この例で、売上と利益のどちらが大事なのか、わかるのではないでしょうか。会社を長く存続させるためには、利益がどれぐらいあるかが重要になるのです。

◉「2つのパズル」を使って 超有名企業の決算書を読み解いてみよう

ユキはスターバックスでバイトしてるから、この機会にスターバックスの2022年のPLを見てみようか（49ページ参照）。これは簡単なPLだから見やすいよね。売上と利益のどっちも増えてるから、今期のテストの結果としては『よくできました』のレベルだね。2022年度の売上は2539億円で、営業利益が251億円、最終的な利益が234億円それって、2500 億円売れても、利益はその 10 分の 1 ぐらいに減っちゃうってこと？

そういうこと。それでも、黒字になってるだけでもすごいことだよ。そもそも、日本の会社全体で黒字になっている会社は何％ぐらいあると思う？

えっ、9％とか？　もうちょっとある？

うん、30％ぐらいだね。年によって変動はあるけど、平均すると3割ぐらい。つまり、30％は黒字だけど、70％の会社は赤字ってこと。これ、すごくない？　7 割が赤字ってことは、7 割は国に税金を納めてないんだよね

赤字だと税金を納めないの？

利益の中から 30％とかの割合で法人税を払うわけだね、国に。赤字だと納めたくても納められないから免除されるんだ

そうなんだ。でも、残った利益が 234 億円もあるなら、バイト代を上げてくれないかなあ

そう思うよね。ただ、スターバックスは毎年店舗を増やしていて、今後も増やしていくだろうけど、その分の資金はどこから出すかって言うと、利益から。お店を増やすには、建物の家賃も払わなきゃいけないし、新たにスタッフを増やしたり、設備を増やしたり、いろんなコストがかかるんだよね

そっか

それに、時給は一度上げたら、なかなか下げられなくなる。コロナ禍の 2020 年度はスターバックスも赤字だったんだよ。これからも、いつ何が起きるかわからないから、今ある利益を全部使うわけにはいかないんだよね。ただ、人手不足を解消するためには、時給を上げないと働き手が来てくれないから、今後は上がっていく可能性はある

時給って、そんなに簡単に上げられるもんじゃないんだ

★スターバックスコーヒージャパンの2022年度業績（PL）

科目	金額	対売上比
売上高	2539 億円	100%
売上原価	695 億円	27%
販売・管理費	1592 億円	62%
営業利益	251 億円	9.8%
経常利益	338 億円	13.3%
税引前純利益	330 億円	12.9%
当期純利益	234 億円	9.2%

出典：世界の珈琲情報サイト「コフィア」

自分が働いているところの決算書を見てみると、いろんなことがわかってくるでしょ？

うん。利益ってそんなに出るもんじゃないんだってわかった気がする

さて、大企業の給料についての議論をするとき、必ずと言ってもいいほど話題になるのが、「内部留保」です。

日本の給料が安いという話になると、「内部留保を崩して給料を払えばいいじゃないか！」なんて意見が出てきます。

企業によっては3兆円も内部留保があって、経営陣は億単位の給料をもらっていると聞いたら、「現場の社員の給料もみんな増やしてもいいのでは？」と感じても不思議ではありません。

内部留保は利益を蓄積していったものです。シンプルに言うと、利益を会社の預金通帳に蓄積していったものが内部留保になります。

子どもがお小遣いをもらって、好きなものを買わないでお金を貯金したら、それが内部留保です。

内部留保はPLの利益ではなく、BSの純資産に当たります。

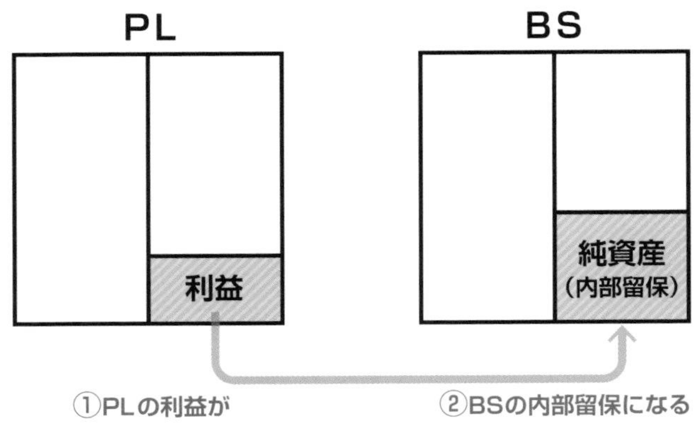

通常、社員の給料はPLの売上、つまりその年の売上から支払います。今年の売上が多かったら、そこから社員の給料やボーナスをアップするお金を割り振ります。貯めるのではなく、使うということです。

内部留保から社員に給料を支払うには、今まで貯めてきた純資産を取り崩して払うことになります。貯金から取り崩してお金を払うことを、今年はできても、この先5年も10年も払っていけるでしょうか？

「難しいな」と思うのではないでしょうか。

ですので、**社員の給料を上げたいなら、内部留保に頼らず、利益を増やす**しかありません。

「3兆円もあるなら、少し社員に回してみては」と思うかもしれませんが、大企業はそれだけ大勢の社員を抱えていて、海外でも手広く事業を展開しているので、「もしものときのお金」をしっかり蓄えておかないと企業が立ち行かなくなってしまうのです。

そもそも、売上から払えずに、貯金を取り崩している時点で、それは赤字です。内部留保がいくらふんだんにあるとしても、取り崩している時点で、今手元にあるお金だけで回せていないので赤字になっています。

社員としては、今期の売上が過去最高で十分な利益があるのなら、それを内部留保に回さずに、いくらか人件費に回してほしいと交渉する余地はあるかもしれません。ただ、それは企業の長期的な見通しによることも知っておきましょう。

◉会計は数字ではなく「割合」で判断すればいい

せっかくだから、スターバックスの PL をブロックパズルにしてみようか

★ スターバックスコーヒージャパン 2022年度のブロックパズル（PL）

（単位：10億円）

変動費 70

売上 254

粗利 184

固定費 159

営業利益 25

さっきは何とか利益ってのがいくつもあって、全体像がよくわからなかったけど、これなら会計を知らない私でも、何となくわかる気がする

いいね、それがブロックパズルのいいところ

変動費って何？

ここでは商品の仕入れで使う費用って考えればいいよ。スターバックスだとコーヒー豆を仕入れたり、ミルクとか砂糖とか、いろいろ材料を使うでしょ？　それが変動費。売上に連動して仕入れの量も変わるから、“変動する費用”ってことだね

固定費って言うのは？

バイトに払う時給や、社員に払う給料などの『人件費』と、家賃や広告

宣伝費、水道光熱費などの『それ以外の費用』ってことで、売上に関係なく“固定で発生する費用”ってこと

そうなんだ。私のバイト代も、固定費の1592億円に含まれてるんだ……

とりあえず、細かいところは後で説明するけど、リアルな決算書を見てからブロックパズルを見てみて、どう思った？

リアルな決算書はわかるかーいって感じだった。なんかいろいろ考えるうえで、割合が重要なのに、金額を見てるだけじゃ割合が何もわからないっていうか

そうなんだよ。割合が大事なんだ。人件費がこんなにたくさん占めてるんだってブロックパズルを見たら面積でわかるけど。人件費が何千億円ですって金額だけ見せられても、その企業での割合がどうなのかわからないよね。結果、意味がわからなくて、つまらなくなる

ブロックパズルだと面積でわかるから、説明がなくてもわかる感じ

◉ BSとは『お困りごと解決チーム』の累計の成績表

ブロックパズルで決算書に免疫がついたところで、さっき逃げ出した会社のBSに戻るね。これはユキがよく使っているブランドのBSだから

えっ、どこだろう

それを想像しながら聞いてみてね。まず資産があって、それが流動資産と非流動資産（固定資産）に分かれている

・流動資産：流れ動く資産とは、現金や株など、すぐにお金に換えられるものを意味します。銀行に預けている預金や株の口座のほか、1年以内に売るつもりの在庫も流動資産です（次ページの図①）。

・非流動資産（固定資産）：建物や土地など、すぐにお金に換えられないもの。工場を建てたら、その土地は売るつもりはないので、非流動資産（固定資産）になります（下図②）。

★【再掲】「ある会社」のBS（2022年8月期）（単位：百万円）

資産	
流動資産	
現金及び現金同等物	1,358,292
売掛金及びその他の短期債権	60,184
その他の短期金融資産	123,446
たな卸資産	485,928
デリバテイプ金融資産	124,551
未収法人所得税	2,612
その他の流動資産	23,835
流動資産合計①	2,178,851
非流動資産（固定資産）	
有形固定資産	195,226
使用権資産	395,634
のれん	8,092
無形資産	76,621
長期金融資産	164,340
持分法で会計処理されている投資	18,557
繰延税金資産	8,506
デリバティブ金融資産	134,240
その他の非流動資産	3,690
非流動資産（固定資産）合計②	1,004,911
資産合計③	3,183,762

負債及び資本	
負債	
流動負債	
買掛金及びその他の短期債務	350,294
その他の短期金融負債	209,286
デリバティブ金融負債	1,513
リース負債	123,885
未払法人所得税	77, 162
引当金	2,581
その他の流動負債	111,519
流動負債合計	876,242
非流動負債（固定負債）	
長期金融負債	241, 022
リース負債	356,840
引当金	47,780
繰延税金負債	44,258
デリバティブ金融負債	44
その他の非流動負債	2, 171
非流動負債（固定負債）合計	692,117
負債合計④	1,568,360
資本	
資本金	10,273
資本剰余金	27,834
利益剰余金	1,275,102
自己株式	△14,813
その他の資本の構成要素	263,255
親会社の所有者に帰属する持分	1,561,652
非支配持分	53,750
資本合計⑤	1,615,402
負債及び資本合計	3,183,762

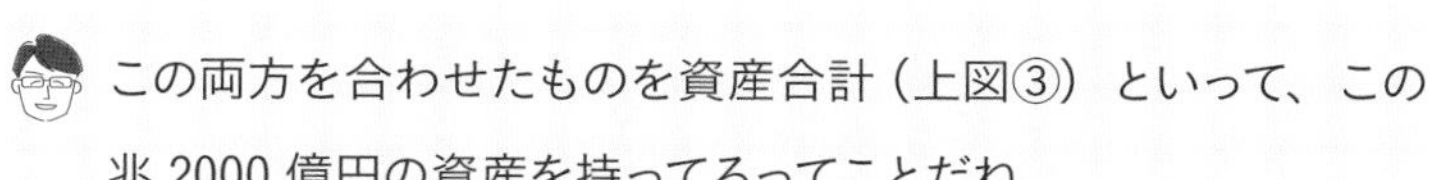
この両方を合わせたものを資産合計（上図③）といって、この会社は3兆2000億円の資産を持ってるってことだね

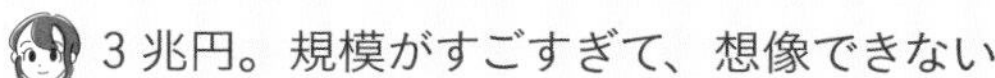
3兆円。規模がすごすぎて、想像できない

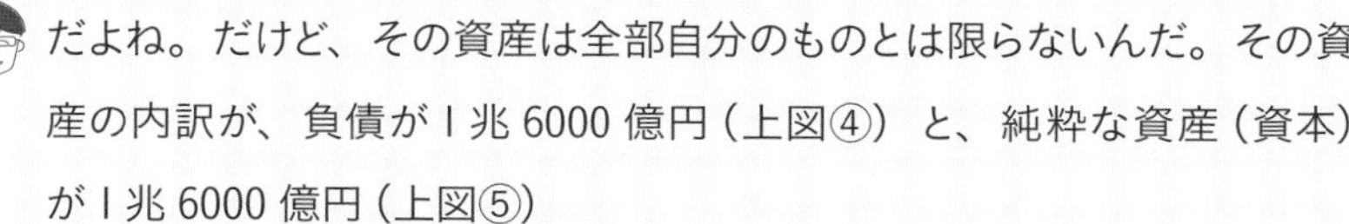
だよね。だけど、その資産は全部自分のものとは限らないんだ。その資産の内訳が、負債が1兆6000億円（上図④）と、純粋な資産（資本）が1兆6000億円（上図⑤）

借金の規模も大きすぎて、想像が追いつかない……

大企業はそういうもんだからね。このBSを見ていて、難しいでしょ？

ポカンとする感じ

だよね。それをブロックパズルで表すと次ページのようになります

★「ある会社」のブロックパズル（BS）

（単位：10億円）

資産 3,183	流動 2,179	負債 1,568	流動 876
			固定 692
	固定 1,004	純資産 1,615	資本金 10
			利益剰余金ほか 1,605

わ、スッキリ

でしょ？　これを見ながらのほうが、わかりやすいと思うんだけど。左が資産で、その内訳はさっきも言ったように流動資産と固定資産に分かれる、と。この会社は、3分の1ぐらいが固定資産で、3分の2は流動資産だっていう比率が一目でわかるよね。これはどういうことかと言うと、わりとお金の流れがいいというか、自由に使えるお金の割合が多いということ

流動資産は多いほうがいいの？

その内容にもよるかな。たとえば、在庫が多すぎると、それが全部売れたら現金となって入ってくるからいいんだけど、全然売れなかったら不良

在庫になる。それを取っておくための倉庫も必要になるし、一気に負債になる可能性もあるんだ。この会社は現金が一番多いから優秀だね

現金でl兆円持ってるんだ……すごすぎる、どこに置いてあるんだろ。会社の金庫かな？

いや、会社に置いてたら危険すぎると思う（苦笑）。それで、資産となるお金をどこから調達しているかは、右側の負債のブロックを見る

負債は、銀行にお金を借りていたり、商品を受け取ったけれども、まだその代金を払っていないお金など広い意味での借金を表します。

その借金を、さらに短期（流動）と長期（固定）の負債に分けます。短期的な負債は1年以内に返さなければいけない借金、長期的な負債は1年以上かけて長期的に返していく借金です。

負債がl兆6000億円って、なんでこんなに借金するんだろ？

それは、この会社が銀行からお金を借りて、お店を出すビジネスをしてるから。その下の純資産は、資産から負債を引いた純粋な自分の資産って意味で、『自己資本』とも言う

純資産は次の2つに分かれます。

・資本金：会社をつくるときに元手にしたお金。自分で貯めたお金もあれば、投資家が出資してくれた資金もあります。

・利益剰余金：PLの利益を積み重ねたお金です。前述した内部留保になります。

この2つを合わせたのが純資産で、この会社はl兆6000億円

l兆6000億って……なんか、島が2、3個買えそう

まあ、桁外れだよね

なんで資産と純資産があるの？

 ああ、これ、単純に、資産から負債を引いたのが純粋な資産だってこと

◉PLとは『お困りごと解決チーム』の今期のテストの結果

 次は同じ会社のPLね。売上が2兆3000億円、すごいよね

PLの代表的な項目をご紹介します。

・売上原価（≒変動費）：商品をいくらで仕入れたのか、材料費にいくらかかったのかを表した金額

・売上総利益（≒粗利）：売上高から売上原価を引いた金額

・販売費及び一般管理費（≒固定費）：人件費や家賃、水道光熱費など、売上原価以外に必要なコスト

最後に書いてある合計（当期利益）が、この期のテストの最終結果だね。売上2兆3000億円から売上原価の1兆1000億円を引いた数字が1兆2000億円。この会社はもろもろのコストが払われて、税引前利益（経常利益）が4140億円残りましたってことだね。この会社、どこだと思う？

もしかして、ユニクロとか？

正解！ ユニクロの運営企業・ファーストリテイリングでした。で、このPLをブロックパズルで表すと次ページの下の図のようになるよ

あ、なんか、面積が全然違う。変動費がこんなに多いんだ

そうそう。ブロックパズルにすると、その企業は何にお金を使っているのかが一目瞭然でしょ？　この面積は企業によって全然違うんだ。変動費がもっと面積を占めてる会社もあれば、人件費が多い会社もある

★ファーストリテイリングのPL（2022年8月期）（単位：百万円）

売上収益	2,301,122
売上原価	△1,094,263
売上総利益	1,206,859
販売費及び一般管理費	△900,154
	（うち人件費 △318,618）
その他収益	16,951
その他費用	△27,391
持分法による投資利益	1,059
営業利益	297,325
金融収益	123,820
金融費用	△7,560
税引前利益（経常利益）	413,584
法人所得税費用	△128,834
当期利益	284,750
当期利益の帰属	
親会社の所有者	273,335
非支配持分	11,415
合計	284,750

★ファーストリテイリングのブロックパズル（PL）

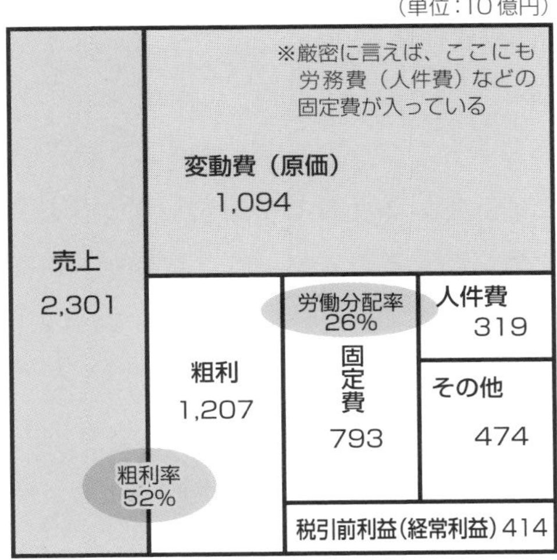

※1　2022年8月決算
※2　固定費は売上総利益－税引前利益で算出しています

ファーストリテイリングで変動費って言ったら何？

これも、商品の仕入れ。と言っても、ファーストリテイリングの場合は自社でつくってるから、店舗かオンラインで売るっていうビジネスだよね。その場合の商品の仕入れを変動費と思ったらいいよ

ユニクロは服を自社工場でつくってるでしょ？

そうだね、少し補足しようか。今は”脱★完璧主義”で話をシンプルにするため、『製造原価≒変動費』としているけど、もう少し正確に言うと『変動費＝売上と連動して増減する費用』なので、製造原価の中の社員の給料や水道光熱費などは変動費から固定費に移動させて考えるんだ。でも今はそこまで踏み込まなくてオーケーだよ。会計の学び始めの段階では、その辺はざっくりととらえればいいと思う

ややこしいんだね

たぶん、今の疑問もブロックパズルを見ていたから気づけたけど、元のPLだと、『ふーん』で流しちゃうと思うんだよね。情報をそぎ落としてシンプルにしたから、いろんなことに気づけると思うんだ

ここで思い出していただきたいのは、PLの「売上」「費用」「利益」はお困りごとと結びついているという点です。

売上とは、「お困りごと解決」で貢献した総エネルギーを数値化したもの。**ファーストリテイリングは、「デザインや着心地が申し分ない服を安く手軽に着たい」という私たちのお困りごとを解決することで、2兆円以上の売上を稼いだ**と考えられます。しかも、世界中の人たちのお困りごとを解決しているので、改めて考えるとすごい企業です。

費用とは、「お困りごと解決」のために要したエネルギーを数値化したもの。これが変動費や固定費になります。洋服を世界中の人に提供するために、生地を仕入れて服をつくり、店舗をつくって販売する。それらすべてのコストが費用になります。

利益とは、「お困りごと解決」のご褒美として残ったエネルギーを数

値化したもの。売上から費用を引いて残ったお金が、自社が将来のために自由に使えるお金となります。世の中への貢献度が高ければ高いほど、売上は増えて、最後に残る利益も増えます。だから頑張ったことへのご褒美のようなものなのです。

皆さんがこれから勤める、または今勤めている会社のPLをつくる機会があれば、「売上」「費用」「利益」をお困りごと解決と結びつけてみてはいかがでしょうか？　そうすれば無味乾燥な数字の羅列が、生きた数字に感じられるようになるかもしれません。

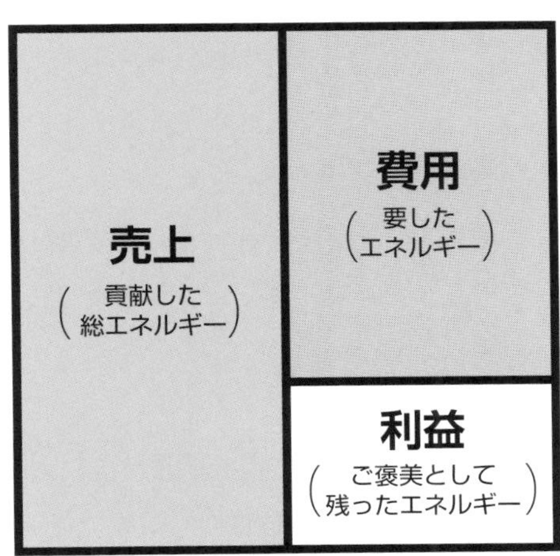

◉「2つのパズル」＝ブロックパズルでわかるPLとBSのつながり

それで最終的な利益が2850億円。これはどういうことかというと、売上の約12%あるんだね。さっき、黒字になってる会社は全体の30%ぐらいだって話したでしょ？　ファーストリテイリングはそのうちの1社だってこと。もし、パパが新素材を開発したとする。その素材を売る先として、ファーストリテイリングは理想的かもしれないね。過去何期分かの決算書を見る限り、長期にわたって経営が安定してるから、突然倒産するリスクは低いだろうし。ほかに、就職先として安定してるかもとか、投資しているなら、株を買うかどうかも判断できる

有名な会社でブロックパズルをつくってみると、いろんなことがわかるんだね

その会社の見方が変わるでしょ？　で、この利益からさらに30%の法人税などの税金を払って、最後に残ったお金がBSの純資産に入ってきますよ、とつながるわけ（下図参照）

そっか、この2つのシートはこうやってつながるんだ

多くの会社はだいたい負債が8～9割で、純資産という本当の意味での自分の資産は、1～2割しかないもんなんだね。だから、ブロックパズルの面積も、負債の面積がほぼ占めていて、純資産は『狭っ』て会社がほとんど。でも、ファーストリテイリングは半分以上が純資産で、負債より多い。つまり、銀行の借金に頼ってませんという、すごく手堅

★ ファーストリテイリングのブロックパズルをつなげてみた

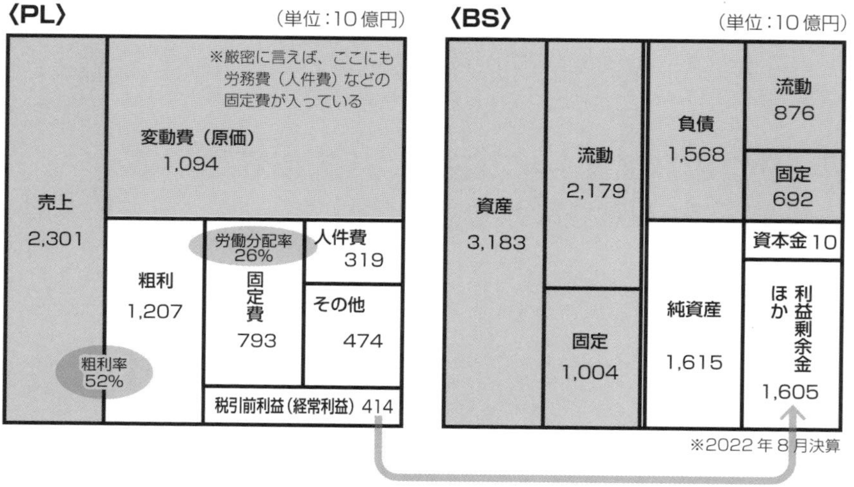

〈PL〉　（単位：10億円）

- 売上 2,301
- 変動費（原価） 1,094
  - ※厳密に言えば、ここにも労務費（人件費）などの固定費が入っている
- 粗利 1,207（粗利率 52%）
- 固定費 793（労働分配率 26%）
  - 人件費 319
  - その他 474
- 税引前利益（経常利益） 414

〈BS〉　（単位：10億円）

- 資産 3,183
  - 流動 2,179
  - 固定 1,004
- 負債 1,568
  - 流動 876
  - 固定 692
- 純資産 1,615
  - 資本金 10
  - 利益剰余金ほか 1,605

※2022年8月決算

※税引前利益から税金などが引かれた税引後当期利益が利益剰余金に加算されます。

い経営をしているわけ

はあ〜、決算書からそういうことがわかるんだ。面白いね

おっ、会計の面白さに早くも目覚めたかな？

PL と BS を単体で覚えている方が多いでしょう。**PL の最終的な利益が BS の純資産につながる**とわかれば、PL と BS が決算書の両輪になっているのだとわかると思います。そのつながりがブロックパズルだと見えやすくなることでしょう。

僕は経営を考え始めた段階では PL と BS を理解すれば十分だし、PL だけでもいいかもしれないと考えています。それこそ、銀行や税務署などに提出する決算書は会計士や税理士につくってもらえばいいと思います。

普段、僕が使っている「お金のブロックパズル」は PL にキャッシュフロー計算書の要素を合わせてわかりやすくしたものです（下図参照）。

★ お金のブロックパズル 〜会社のお金の流れの全体図〜

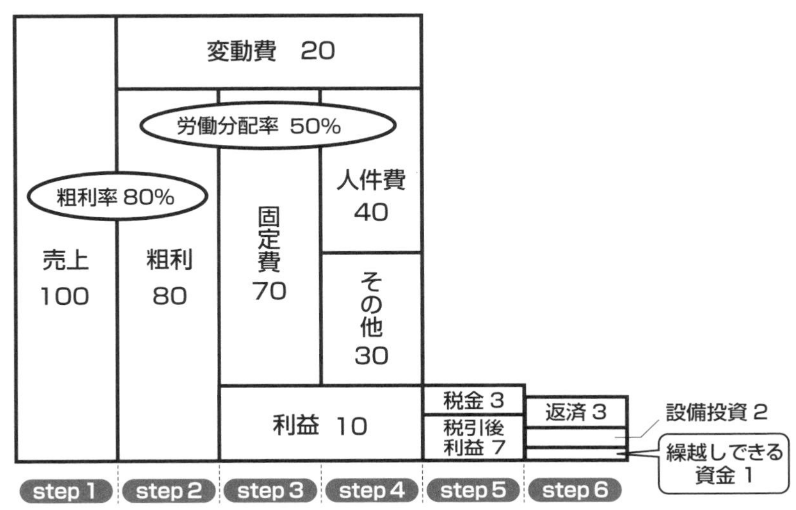

ブロックパズルだけ覚えれば、経営するうえでの会計の知識は十分です。

そう思ったら、会計の勉強もラクだと思えませんか？

でも、全エネルギーを注いでも、結果が赤点だったら悲しいよね

そうだよね。会社だったら、頑張って売上を上げても、最後が赤字だったらショックだし。だから、子どもだったらPLを強化するために塾に通う。そうすればBSもよくなる。会社なら、PLを強化するためにブロックパズルを学ぶ。そうすればBSもよくなるってことなんだ

この章のまとめ

- **会計を学ぶときは「脱★完璧主義」でシンプルに**
- **決算書とはお金の「流れ」と「状態」を示すもの**
- **PLは今期のテストの結果、BSは累計の成績表**
- **ブロックパズルを使えば決算書を割合で判断できる**

第2章

会計がシンプルに身につくブロックパズルのつくり方と使い方

Money and Accounting

ブロックパズルで会社の数字を「見える化」する

◉ブロックパズルはなぜ生まれたのか

パパがブロックパズルをつくろうって思ったのは、もともと数字とか指標の羅列が苦手だったからなんだよ

え、そうなの？　いつも計算はパッとできるし、さっきも訳わかんない決算書を説明してくれたし、全然そんな感じじゃないんだけど

もともとは農学部出身で、一応理系だったんだけど、経営をまったく学ばないまま社会人になって会計事務所系のコンサル会社に就職したんだよね。最初は全然わからなくて、それこそ決算書を見たらめまいがしたぐらい（笑）。簿記3級とか会計の勉強もしたんだけど、いまいちわかりづらいなって感じてて。そんなときに、西順一郎先生がつくったSTRAC表に出会ったんだ

STRAC表？

STRAC（ストラック）は、戦略のストラテジィと会計のアカウンティングをかけ合わせた言葉で、西先生がつくったんだ

西順一郎先生は三菱重工やソニーなどで勤務した後、西研究所を立ち上げた会計のスペシャリストです。STRAC表（現・MQ会計表）はソニー時代に開発したそうです。

僕は『戦略会計STRAC Ⅱ』（ソーテック社）で紹介されている

STRAC 表を見て、「これだ！」とピンときました。

数字が苦手な僕でもパッと理解できたので、数字が苦手、反射的に拒否反応を示す経営者の皆さんも助かるだろうと考えたのです。西先生には STRAC 表を本やセミナーで使わせていただきたいとお願いし、了承いただきました。西先生には本当に感謝しています。

そして、**STRAC 表をさらにわかりやすく、経営に使いやすくアレンジしたのが「お金のブロックパズル」**です。

STRAC 表では、売上から利益までの正方形の部分までの表記でした。そこで、利益から税金を払った後に返済や設備投資などをして、繰越金までの流れも表現したい。そう考えて、お金のブロックパズルで利益の右側、本体の正方形からしっぽのように長くのびているところは、僕が付け加えたオリジナルの部分です。会社のお金の流れを全部網羅したいので、こういう形にしました。

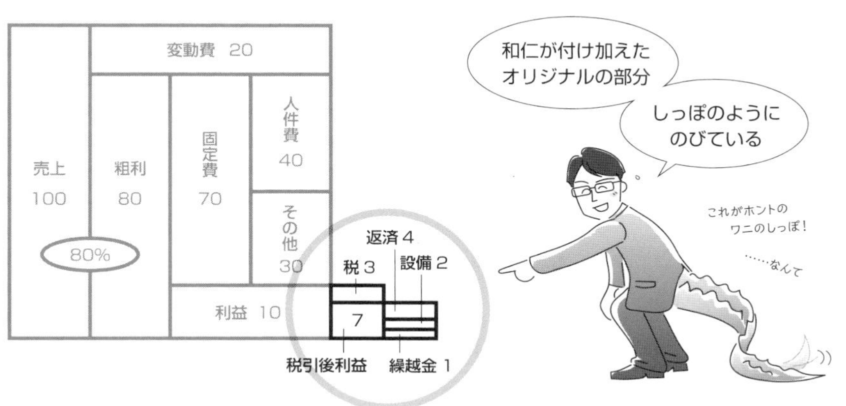

僕は独立する前のコンサル会社の営業マン時代に、「数字のことはよくわからん」とか「ぜんぶ税理士任せだ」なんて言い方をして、会社の現状がわかっていない中小企業経営者が多いことに気づきました。

売上と利益はわかっても人件費の総額は把握していないとか、粗利率をわかっていないとか、変動費には何が当てはまるのかを知らないという方も結構いらっしゃいました。

今も、研修などでブロックパズルの中に「売上、変動費、粗利、固定費、利益などに、自社の数字を入れてください」と言っても入れられない方は案外多いです。おそらく、なんとなく知っているつもりだけど、ちゃんと理解できていないのだと思います。

たとえば、リスクを小さくしたければ、固定費を最少化して変動費を多めにしたほうがリスク分散できるとか、売上が十分にある状況になったら、むしろ変動費を減らして固定費があったほうがいいなど、費用の区別がついていると対策を考えられます。それを知らないと、ざっくりと「コストを抑えたい」という考え方になります。

ブロックパズルがすぐれているのは、会社のお金の流れの全体像を視覚的に把握できるところです。お金の入りと出をシンプルに表しているので、そのバランスが直感的にわかります。

確かに、さっきのファーストリテイリングのブロックパズルを見て、どこにどれぐらいお金が使われてるのか、パッと見てわかったし

でしょ？　それだけじゃなくて、今、利益が出にくいのはなぜか？　ってこともブロックパズルなら一目瞭然なんだ。全体を「見える化」すれば、借金の返済が大きすぎるとか、設備投資が多すぎるとか、１つひとつの適正値を全体とのバランスから見ることができるんだ

全体が見えないと、ただ借金を返さなきゃ～って、それだけでいっぱいいっぱいになっちゃいそう

そうそう。そこで他からお金を借りてきて何とかしのいでいるうちに、借金が膨らみすぎちゃって、どうしようもなくなったりしてね。会社を成長させたいって考えても、ブロックパズルなしで数字だけを考えると、何の根拠もなく大きければ大きいだけいいみたいな話になりがちだし。経

営者にコンサルティングしてるときに、『利益目標はどれぐらいにしますか?』って聞いたら、『いやあ、今よりも多ければそれでいいよ』と言われたり、『借金の返済額はどのくらい減らしましょうか?』と尋ねても、『減るに越したことはないけど、いくらがいいのかわからないよ』なんて会話になったりして

それじゃあ、やっていけないんだ?

いや、やってはいけてる。でも、理想と比べたらうまくいっているとは言えないから、パパがコンサルをしているわけで。そうなる理由は、やっぱり会社全体のお金の流れが見えてないから。粗利や利益と比較すれば、借金はこれぐらいが理想的だって適正値がわかってくるんだよね。つまり、ブロックパズルを使えば『現状』を正しく、パパッと把握できて、そこから理想に向かう道筋を見出せるということ

◉ブロックパズルは会計の万能ツール

続けて、ブロックパズルで何ができるかって話もしておくね。一言で言うと、ブロックパズルを理解すると会社のお金の流れの全体像が見えて、入りと出のバランスがシンプルにわかるから、経営の最適解を見つけ出せるんだ

ブロックパズルの効果効能は、次の4つになります。

①現状をすぐに把握できる

肌感覚で「うちの会社はうまくいっている」「うまくいってない」と感じるのではなく、数字をもとに判断しないと、会社の本当の状況は見えてきません。

ブロックパズルだったら全体のお金の流れを把握できるので、「経営がうまくいかない」と悶々と悩む状況から、「材料費にお金がかかりすぎている」「家賃も高すぎる」と、経営を圧迫している原因が具体的にわかります。

②理想の収支構造を簡単に描ける

①で現状を把握したら、次に未来を思い描きます。ただ、「1億円稼げるようになりたい！」と数字だけ考えても、何の根拠もない話になってしまいます。

理想は全体のバランスの中ではじめて描けるものです。

ブロックパズルをつくったら、「今年は利益から返済と設備投資をし

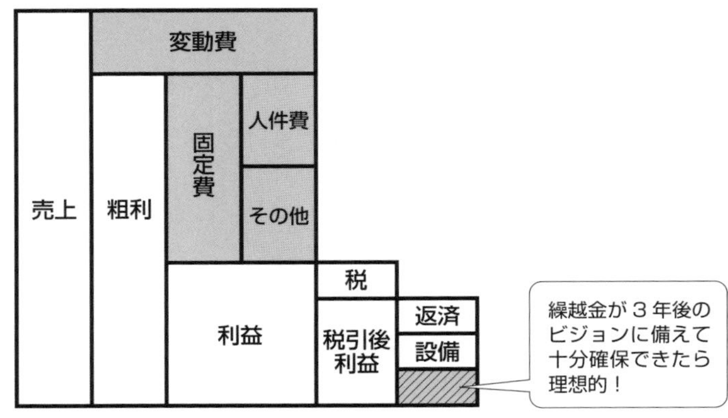

たあとの繰越金を十分確保して、3年後のビジョンに備えよう」といったように現実的な理想を描けます。

③盲点に気づける

ブロックパズルは部分だけでなく全体が一覧できるので、改善する際の盲点に気づいて、何をどうすればいいかがわかります。そうすれば、対策が着手済みなのか未着手なのかも見えてきます。

ありがちなのは、「コストも削れるだけ削ったけれど、経営が苦しいから、人件費をカットしよう」と考える経営者。

「やるべきことはすべてやった」という経営者もいますが、ブロックパズルで全体のお金の流れを見てみると、やるべきことはまだまだあると気づきを得られます。

「社長はあらゆる手を打ったとおっしゃっていましたが、変動費を下げ

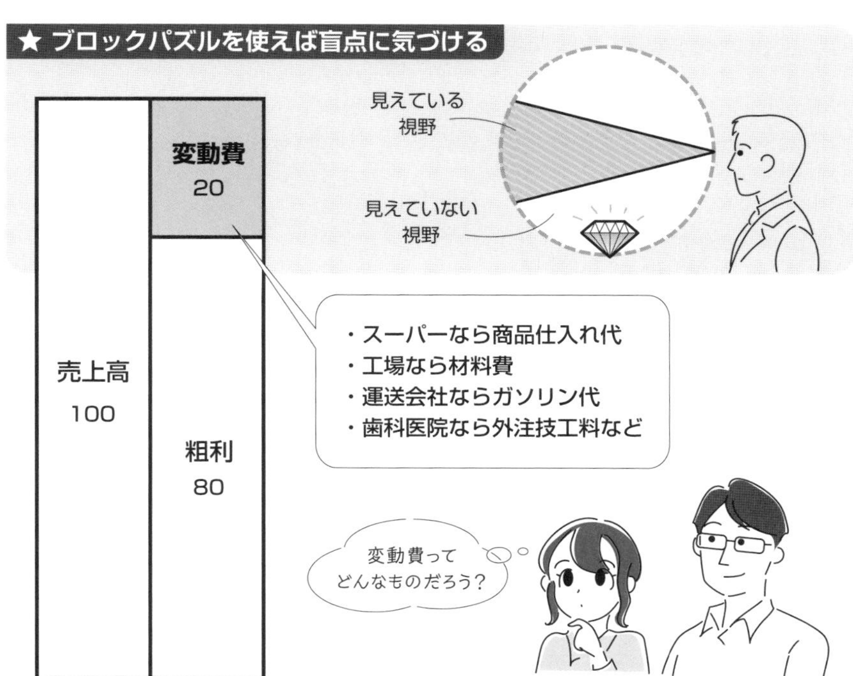

ることでやったことはなんですか」と尋ねると、これまで固定費の削減にばかりフォーカスしていたため、「変動費？」とポカンとされる方もいます。

たとえば仕入れ先を見直したり、少しずつ何度も仕入れるのではなく、まとめて一度に仕入れることで安くしたり、飲食店ならロスをどうやって少なくするのかなどが変動費の削減にあたります。盲点とは、今まで気づかなかった問題や解決策のこと。ブロックパズルを上手に使えば、そういった盲点が見えてくることでしょう。

④社内の全員を巻き込める

ブロックパズルはシンプルでわかりやすいので、経営者一人でなく幹部や社員も巻き込んで会社のお金について話し合いができます。

ブロックパズルがなかったら、経営に関する情報量に差がありすぎたり、会計の知識に差がありすぎて、なかなか同列で会話はできません。ブロックパズルをみんなが理解したら、「社長、この商品の粗利率をもうちょっと上げませんか」と社員が指摘するかもしれませんね。

面白いもので、社長の理解が進むと、お金の流れをわからない社員とのギャップが生まれます。だから、社長のお金のリテラシーが高まれば高まるほど、社員にも教えたいというニーズが生まれる。そうすると社員もだんだん理解するようになるので、社長と社員がより高い次元での会話ができるようになります。

ブロックパズルを覚えるまでは、『決算書とか自分もよくわかってないのに、社員に見せて説明なんてできないよ』って考える社長がほとんどだけど、ブロックパズルを知ったら、『みんなに理解してもらいたい』ってなる場合が多いんだ

ちょっとわかる気がする。自分が知ったことって、人に教えたくなるもんね

だよね。社長の中には、税理士に『ブロックパズルで説明してほしい』って依頼してる人もいるし。税理士から決算書を見せられてもちんぷんかんぷんだから、ブロックパズルをつくって説明してほしいってお願いしてるんだね。決算書を自分でブロックパズルに置き換えてる社長もいるよ

なんか、ブロックパズルのファンみたい

そうなら嬉しいけど。僕としては、お金のブロックパズルを社長だけでなく、社員の立場の人にも知ってもらいたい。それで、自分の会社の社長が会計に疎(うと)そうだったら、『社長、こんなわかりやすいツールがあるんですよ』って勧めたら、社長もきっと興味を示すんじゃないかなって思う

Money and Accounting

ブロックパズルは簡単につくれる

◉家計をブロックパズルで表すと？

ここまで会社のお金の流れの全体像を見てきたけど、家計のブロックパズルも見てみようか。そのほうが自分ごととしてとらえやすいと思うんだよね。たとえば、ある家で1か月50万円の収入があるとします

それって、うちのこと？

え、いきなり、そこが気になるんだ？　えーとね、うちはもっとあるんだけど、それは置いといて

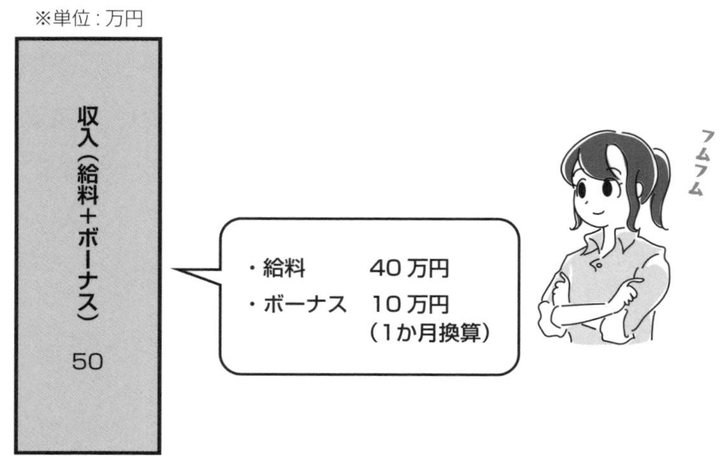

家計の収入は会社の場合、売上に該当します。

その家庭は共働きかもしれないし、ひとりで稼いでいるかもしれませ

んが、月々の給料とボーナスを12分割した収入が、だいたい月平均50万円だという設定にします。

そこから収入に連動して支払うお金があります。それは税金と社会保険料で、これが会社のブロックパズルの場合、変動費にあたります。このケースでは10万円が税金と社会保険料だとすると、残りの40万円が手取りです。

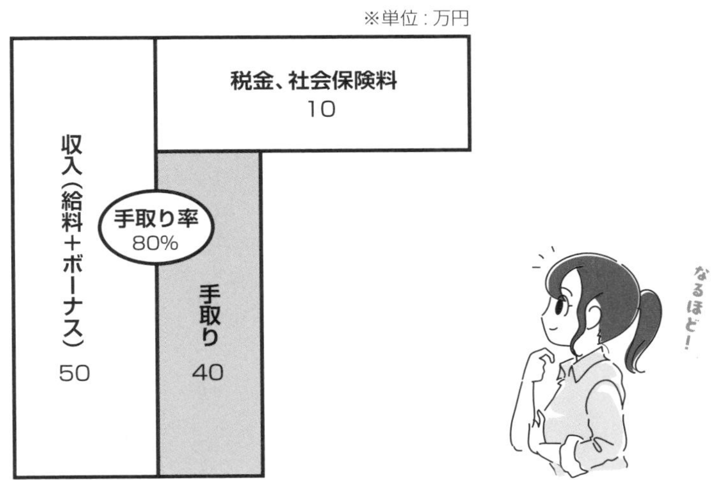

よく、社会人の会話を聞いてると、『うちの会社は手取りでいくら』とか言ってるよね。その手取りがこれ。給料は50万円でも、税金と社会保険料を引かれた金額が口座に振り込まれるってわけ。税金は所得税とか住民税ね

10万円も引かれるの？

引かれるのは額面のおよそ20%以上って言われてて、所得が高い人は引かれるのが10万円どころじゃないよ

ええええ、そうなんだ……

それで、この手取りが、会社で言うところの粗利ね

この家庭では、毎月約35万円が生活費としてかかります。それが会社で言うところの固定費です。

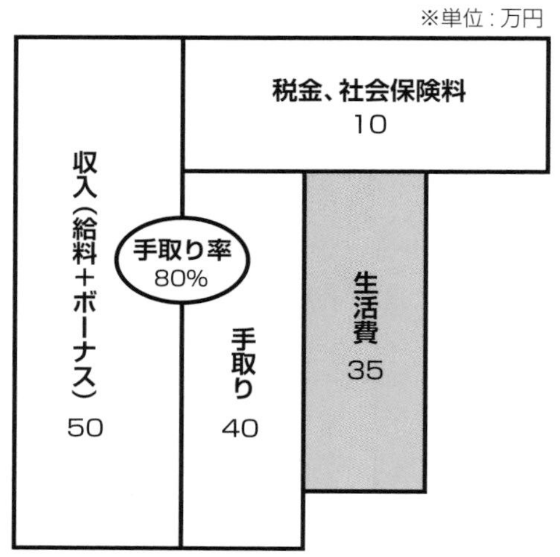

生活費は大きく2つに分類できます。1つは"日常生活費"、もう1つは"娯楽生活費"です。これらは、会社では"人件費"と"その他の固定費"にあたります。

日常生活費とは、普通に生活していたら必ず使うお金です。まず家賃、それから水道光熱費、食費など。お子さんがいる家庭なら教育費も含まれるでしょう。生きていくうえで必ず使うものが日常生活費です。

一方、なくても生きていけるけど、やはり生活に潤いをもたせるために使いたいお金があります。旅行代とか、カラオケに行くとか、趣味のお金など、そういうものが娯楽生活費です。こちらは調節が可能な支出です。

それらを合計して約35万円がこの家計から出て行くとします。

手取り40万円から35万円の生活費を引くと、残りは5万円。この5万円は貯金に回したり、運用に回したりと自由に使えるお金です。

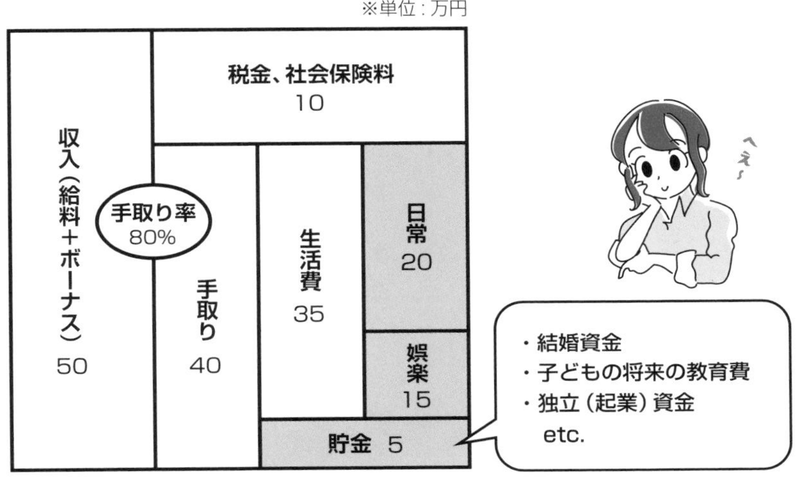

ここでは貯金って書いてあるけど、会社の利益と同じ意味ね

50万円稼いでも、5万円しか残らないんだ……。キツイね

まあ、独身だったら、水道光熱費とかもそれほどかからないし、食費も抑えられるし、遊ばなければもっと残るだろうけど。子どもがいる家庭は大変で、5万円も残せない家庭は多いと思うよ

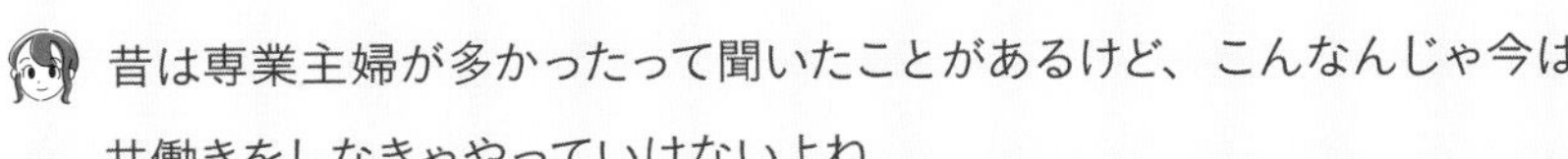
昔は専業主婦が多かったって聞いたことがあるけど、こんなんじゃ今は共働きをしなきゃやっていけないよね

そうだね。そういうことも、ブロックパズルをつくったら見えてくる。2人でがっつり働かなきゃ家計が成り立たない家庭もあるし、余裕があるなら、どちらかがパートでもやっていけるかもしれない。何も見えないままだと、『お金がない』って不安だけが膨らんでいくけど、全体像が見えたらどこを残してどこを削ればいいのかがわかるから、自分たちに合った計画を立てやすくなるんだね

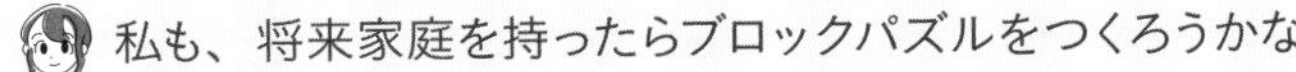
私も、将来家庭を持ったらブロックパズルをつくろうかな

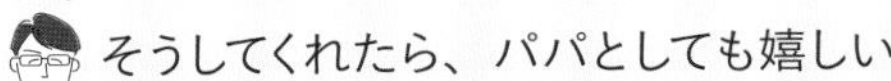
そうしてくれたら、パパとしても嬉しい

◉会社の数字でブロックパズルをつくってみる

 さて、次はいよいよ会社のブロックパズル。と言っても、今の家計の話が理解できていれば、ほぼ同じだから大丈夫

売上が年間で100万円の会社があるとしましょう。

会社の場合、

 え、100万円で会社をやっていけるの？

 うん、仮の話だから。わかりやすくしてるだけだから

気を取り直して。

会社の場合、**必ず発生する費用に「変動費」と「固定費」の２つ**があります。

★ 売上を２つに分解する

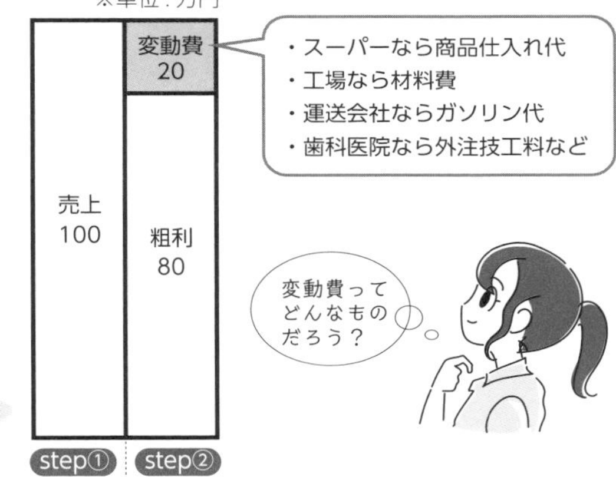

・変動費

変動費は前述したように、売上と連動して増えたり減ったりする費用のことです。たとえばスーパーだったら商品の仕入れに使うお金です。商品が売れた分に比例して仕入れも増えます。それを変動費と呼びます。

製造業の場合、たとえば家具屋さんなら、木材など材料の仕入れ代や外部に委託してつくってもらうような外注費は売上と比例して増えたり減ったりするので、材料費プラス外注費が変動費です。タクシーの場合はどうでしょう？　走行距離と比例して増える燃料代が変動費です。

このように、業種によって変動費の内訳は異なります。皆さんの会社の変動費は何かを考えてみましょう。

普段お店に行って客としてサービスを受けるときも、「このお店の変動費にあたるのはこれかな？」と考えると、ビジネス脳を鍛えられます。

・粗利

売上から変動費を引いたものを「粗利」といいます（管理会計では「限界利益」と言いますが、本書ではわかりやすさ優先で、一般的になじみのある「粗利」という言葉を使います)。

粗利は名前の通り荒っぽい利益、ざっくりした利益だと思いましょう。

売上が100万円の、この会社の場合は変動費が20万円だとします。100万円から20万円を引いた80万円が粗利です。

このとき、売上に対して粗利が占める率を「粗利率」といいます。この会社の場合、粗利率は80%です。

★ 重要なのは粗利

※単位：万円

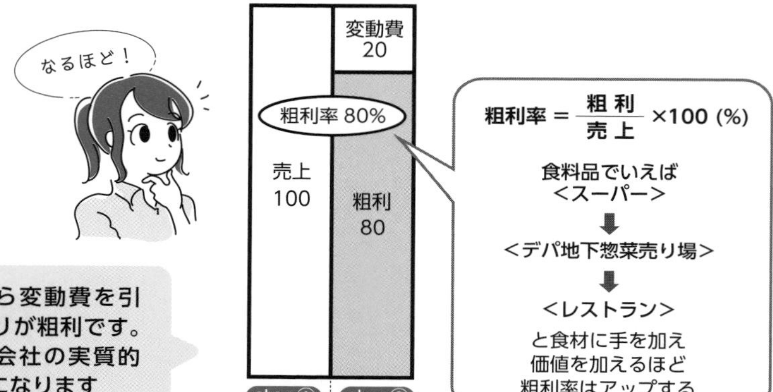

ユキがこれからカフェを開いたときに、誰かから『粗利は？』って聞かれることもあるかもしれない。いくら売上ですごく儲けていても、材料の仕入れでものすごくお金をかけていたら、本当はそれほど儲かっていないってことになる。だから、粗利で考えるってことが大事なんだ

家計で言うと、会社が支払ってくれた給料の額じゃなくて、手取りを基準にして生活費を考えるってことと同じかな

そうそう、その通り！

・固定費

粗利から「固定費」が出ていきます。

固定費は変動費の反対で、その名の通り、売上が増えても減っても固定して発生する費用です。

★ 粗利を2つに分解する

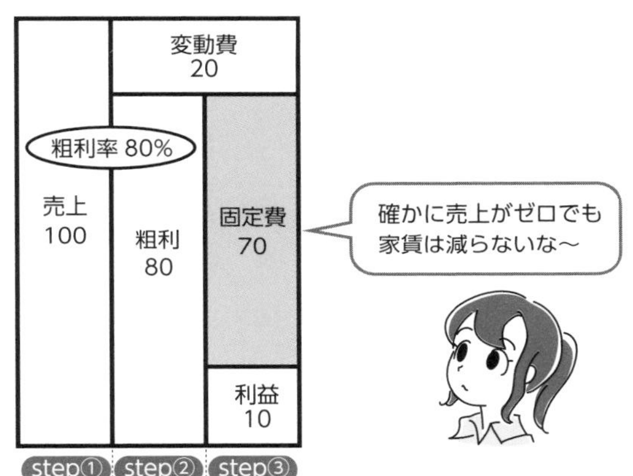

売上の増減に関係なく発生するのが固定費です。
変動費と反対の性質ですね

固定費の代表の1つは家賃です。家賃はいくら売上が増えても、逆に売上がゼロでも必ず支払わなくてはなりません。

固定費は大きく2つに分かれます。

1. 人件費

どの業種、どの会社でも半分近くを占めるのが人件費です。人件費には、社長をはじめ役員の報酬、社員の給料、ボーナス、福利厚生費、退職金など、人に関する費用すべてが含まれます。

2. その他の固定費

その他の固定費には、会社を運営するのに必要な家賃、リース代、水道光熱費、広告宣伝費などがあります。

★ 固定費を２つに分解する

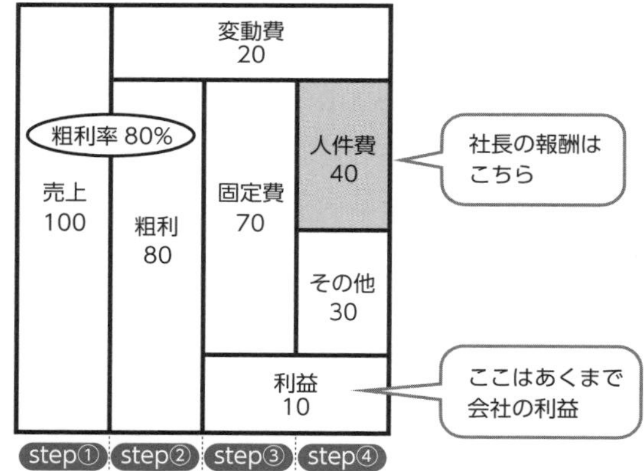

固定費の半分程度は人件費です。
社長の報酬は利益ではなく人件費に含めて考えます

• 利益

売上からすべての費用（変動費＋固定費）を引いた残りが利益です。

この会社の固定費は70万円です。内訳は人件費が40万円、その他の固定費が30万円。粗利から固定費を引いて、利益は10万円となります。

★ 利益が必要な本当の理由は？

※単位：万円

変動費
20
粗利率 80%
売上
100
粗利
80
固定費
70
人件費
40
その他
30
利益
10
step① step② step③ step④

なぜ？

・利益が全部、会社に残るわけじゃない！
・利益からさらに出て行くお金とは（88ページ以降参照）？

粗利から固定費を引いた残りが利益です。
なぜ利益が必要なのか、ここで考えてみましょう

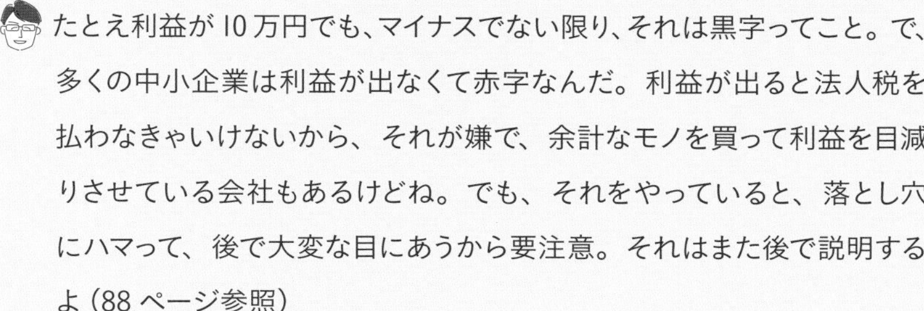

たとえ利益が10万円でも、マイナスでない限り、それは黒字ってこと。で、多くの中小企業は利益が出なくて赤字なんだ。利益が出ると法人税を払わなきゃいけないから、それが嫌で、余計なモノを買って利益を目減りさせている会社もあるけどね。でも、それをやっていると、落とし穴にハマって、後で大変な目にあうから要注意。それはまた後で説明するよ（88ページ参照）

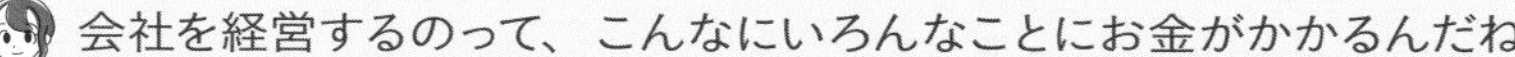

会社を経営するのって、こんなにいろんなことにお金がかかるんだね

そうだね。パパのようなコンサルタントは、材料費はほとんどかからないから、変動費はほぼないようなものだけど。パートスタッフと社外のビジネスパートナーが数人いるだけだから、人件費も抑えられるし

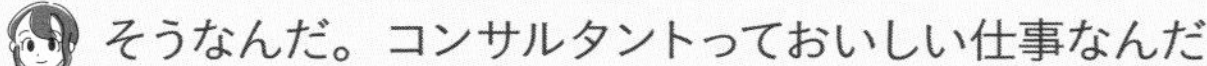

そうなんだ。コンサルタントっておいしい仕事なんだ

う〜ん、まあ、ブロックパズルで「変動費」と「人件費」だけ見るとね。ただ、専門知識や新しい経験を常に取り入れていくための自己投資や知的投資はかなり高額になるので、「その他固定費」は大きくなる。あと、クライアントの成長に合わせて常に変化し続けることが求められるので、長く続けていくのは大変かもね

Money and 3 Accounting

ブロックパズルの使いみちは幅広い

◎「業種ごとで粗利率は大きく変わる」と知っておく

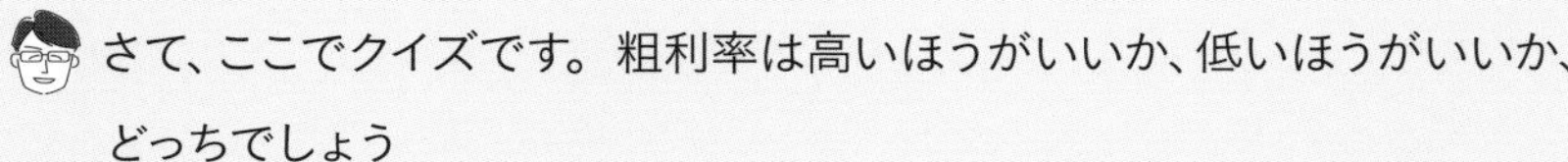

さて、ここでクイズです。粗利率は高いほうがいいか、低いほうがいいか、どっちでしょう

うーんと……高いほう？

正解。同じ売上でも、粗利率が高いほうが付加価値は高いってことになって、会社に入ってくる収入が多くなる。そうすれば利益を出しやすいし、社員にも給料を払ってあげやすくなる。逆に、粗利率が低いと利益も低くなるから、付加価値を高めて粗利率をいかに上げるかが大事なんだね

粗利率は、業種や会社によって高い低いがあります。変動費が高いと粗利率は低くなります。

次の５つの業種は、だいたいの粗利率が知られています。

1. 卸売業

粗利率がもっとも低いと言われています。卸売業は、たとえば、大根を仕入れてスーパーに納めるとすると、何も加工をしていないので粗利率はだいたい15％です。商品に手を加えない、つまり価値を加えないので、粗利率は低くなります。

2. 小売業

卸売業が卸す先、スーパーやコンビニなどが小売業で粗利率は30％

ぐらい。スーパーだったら惣菜をつくったり、プライベートブランドをつくって価値を増やします。

たとえば、大根1本に手を加えないまま売ると200円、1本から大根サラダを10パックつくって1パック200円で売った場合、どちらが売上がアップするのかはすぐわかりますよね。材料に手を加えて付加価値をつけると料金をアップできるので、粗利率は上がります。

3. 製造業

製造業は50%ぐらいです。家具屋さんだったら、木を仕入れて、切って、磨いて、塗ってと製造にともなって価値が加えられるので、粗利率は上がります。

4. 飲食業

飲食店は材料費が30%ぐらいなので70%が粗利です。

5. 歯科医院

粗利率80%と、高い業界です。

歯科医院の場合、売上のほとんどがドクターや歯科衛生士の技術料です。そこから患者の増加に連動して増減する変動費は、外注技工料や診療材料の仕入れ代となります。歯の詰め物を外注でつくってもらいますが、その分の材料費と外注技工料が20%ぐらいです。

★ 業種別で粗利率は大きく変わる

業種	粗利率
1　卸売業	15%
2　小売業	30%
3　製造業	50%
4　飲食業	70%
5　歯科医院	80%

※著者調べ

粗利率は、言葉を変えると付加価値率とも言えるんだ

スタバはどれぐらいなんだろう

カフェの場合、チェーンによって全然違うみたいだね。ドトールは粗利率が60%ぐらいって言われてて、スターバックスは70%ぐらい。スターバックスはそれこそ、付加価値のつけ方がうまいよね。フラペチーノとか、700円を超えるメニューもあって高いじゃない？　それでも頼む人は多いから、高い粗利に結びつく、と

そういう話を聞くと、フラペを一生懸命つくる気になるよ！　フラペがたくさん売れたら、お店の粗利が上がって、私の時給もアップするかもしれないってことでしょ？

そういうこと！　同じカフェでも、大勢お客さんを集めて安い料金にして大量に回転させるぞっていうお店は、粗利率は少し低めの60%とか50%ぐらい。という感じで、どんなビジネスをするかによって粗利率が変わって、それによって使える人件費も利益も変わるんだ

◉ブロックパズルは社長と社員の望みを両立させるツールにもなる

ユキが時給を上げてもらいたいように、やっぱり真剣に働いていたら、もっとお金の面でも評価してもらいたいって思うよね。同じように、会社に勤めているスタッフや社員は、自分たちの給料やボーナスが増えたら嬉しい。でも、社長としては利益を増やしたいって思うわけ。前の章でも言ったように、利益はお困りごとを解決したご褒美だから、ご褒美はたくさん欲しいよね

私にとっても時給はご褒美だよ。一生懸命働いたご褒美

そうなんだよね。スタッフや社員の給料やボーナスは人件費から出てるから、社員は人件費を増やして欲しい。社長は利益を増やしたい。でも粗利が同じなら、人件費を増やすと利益は減ってしまう。つまり、それぞれの望みは反対の方向を向いてるってことだね。会社を経営するにあたっては、これを前提にどう考えるか、が大切なんだ

この一見相反するように見える社長の望みと社員の望みは、両立するものなのでしょうか？

まず社長の望みである、利益を増やすにはどうすればいいのでしょうか？

一番簡単なのは、固定費を減らすことです。そこで目が行くのは固定費の半分以上を占めている人件費でしょう。ここをカットしたいという発想になるわけです。これがいわゆるリストラや給料のカットです。これがうまくいけば話は簡単ですが……。

でも、働いている側としたら、人件費を減らされたらどう思う?

え?、他のお店に移る

そうだよね。他にいい給料をもらえる会社があったら、そっちに移ろうって思うよね。実際、リストラすると、社長としては優秀な社員には残ってもらいたいって思ってても、その優秀な社員が『ここの会社には未来はないな』って、さっさと転職しちゃうのはよくある話。そういう社員はどこでも雇ってもらえるからね。残った社員は、『次は誰が辞めさせられるんだろう?』って恐怖を感じながら働くから、モチベーションはダダ下がり。今までと同じ仕事をしてるのに給料が安くなったら、『やってられないよ』って思うしね

安易に人件費を減らすのは悪手なので、僕はクライアントにおススメし

ません。

よくあるのはリストラしたり給料をカットした結果、売上もダウンするという現象です。

たとえば、100人の社員を2割カットして80人にしたとします。人手が20人減ると、当然、稼働力も下がります。稼働力が下がれば、普通は売上も落ちます。残った80人のモチベーションも下がって、予想以上に売上が減るリスクもあります。

人件費を削って固定費を減らすつもりが、それ以上に売上が減って、結果的に赤字になるのは最悪のパターンです。

つまり、安易にリストラしても問題は解決しないということです。

★リストラや給料カットは、マイナスのスパイラルを生みやすい

こういう場合、ダメなコンサルタントならこう言いがちなんだけど。『社長、簡単ですよ。今売上が100万円じゃないですか。これを200万円にすればいいんですよ。頑張ってください』って言われたら、ユキはどう思う？

え〜、今も頑張って100万円しか稼げないのに、2倍にしろって言われても困る

そうでしょ？　そんなコンサルタントがいたら、『そういう自分がやってみろ』って普通は思うよね。そんな机上の空論を言っても、社長は困るだけだし。そもそも、これはどういう問題なのかっていうと、家族がいる社員は家庭の家計を背負っているから人件費を増やしてもらって、給料を増やしたい。一方で、社長も自分の報酬で家族の家計を支えて

いるよね。では、社長の報酬はどこに含まれると思う？

利益？　あっ、でもさっき人件費に入るって言ってたっけ？

よく覚えていたね。そう、答えは、社長の報酬も人件費に含まれているんだ。だったら、社長だって人件費を増やして自分の報酬を増やしたいと思うはず。それなのに社長は利益が大事だと思うのはなぜか？

それは、**社長は自分の家計だけではなく、社員の雇用も抱えている**からです。

社長は今年の人件費から社員に給料を払っておしまいではなく、来年も再来年も給料を払い続けて会社を継続させる責任を負っています。

会社を続けるためには、一定額の利益を出し続ける必要があります。社長にはその責任があるから利益を増やしたいと言っているわけです。

社員もそれがわかれば、社長のことをケチだとかカネの亡者だとか思わないでしょう。それどころか社員を守ってくれている立派な社長だと思うはずです。

社員がこういうことを知らないと、社長は利益を自分の懐に入れてるって勘違いして、『自分の給料は安いのに』って不満を持つんだね。これが社長のお困りごとの1つ、『社長と社員の立場の違いからくる危機感のズレによるストレス』なんだ

じゃあ、社長になったら、社員にそれを伝えたほうがいいってこと？自分が利益を全部もらってるわけじゃないんだよって

そういうこと。そのためにブロックパズルを使って社員に説明したら、社員もよくわかるだろうし。そのときに、なぜ会社にとって利益が大事なのかも説明したほうがいいね。ただ、それを社長自身が言うとちょっと違和感を与えるかも知れないので、パパみたいな社外の専門家が説明したほうが社員の皆さんも素直に聞けたりするんだよね

社長の望みと社員の望みは両立するのか。

結論は、利益を増やすために売上や粗利を伸ばそうと双方が努力すれば、両立します。それは社長一人だけでする努力ではなく、社員も一丸となってする努力です。なぜなら、会社は『お困りごと解決チーム』なのですから。

社長と社員の望みはもともと対立しているわけではなく、同じゴールを目指せば双方の望みが叶うということになります。

◉利益の使いみちが一目でわかる

利益について話してきたけど、どんなものなのか、イメージできたかな？利益は全部が会社に残るものではなく、そこから出ていくものがまだあるんだ。それがブロックパズルの右下の方にちょこちょこっと出っ張ったブロックになる。ブロックパズルを考えるときに、利益が出て終わりじゃなくて、その先のことも考えないと、とくに中小企業の経営は立ちいかなくなっちゃうんだ

さて、81ページの続きをお話しします。仮に利益が10万円あるとします。そこから必ず出ていくお金が税金（法人税）です。費用と税金、銀行への返済はカテゴリーが違うので、同じブロック内で考えずに、切り分けて考えます。

ここではわかりやすくするために、法人税を3万円とします。税引後の利益は7万円です。

さらに、ここから4万円を借金の返済に当てます（本当は減価償却費というものがありますが、ここではシンプルさを優先して省略します）。

銀行などに借金をしていれば必ず借りたお金を返します。これは、利益から税金を払った後のお金で支払います。

厳密に言うと、**借金をしたときの利息は「その他の固定費」に含みますが、元本は利益から返す**ものです。これを知らない方は意外と多くて、利益が出たら「税金をたくさん払うのはもったいないから、使ったほうがいい」と考える方がいらっしゃいます。そうすると手元のお金がなくなり返済できず、借金だけが増えてしまいます。

これは会社の数字を大雑把にしか把握していない、ドンブリ経営の企業でよくある落とし穴です。税金と銀行への返済分は真っ先に確保しておきましょう。

さらに、新しく機械を買い入れる、古くなった機械を買い直すなどの設備投資も必要です。それが２万円とします。

利益10万円から税金が３万円、借金の返済４万円、設備投資２万円が出て行きます。残った１万円が「繰越金」で、これだけが、翌期に繰り越せるお金です。

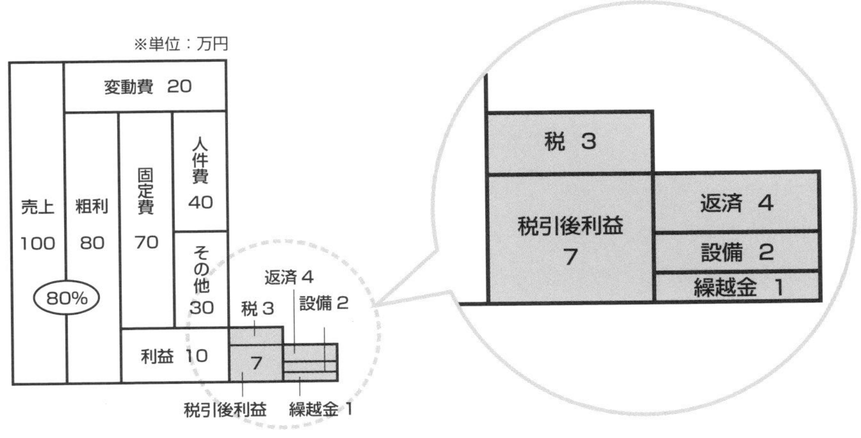

え〜、１万円しか残らないの？　一生懸命働いてそれしか残らなかったら、やってられないよってなりそう

うん、それくらい、お金を残すって大変で、ブロックパズルで会社のお金の流れを把握しておくことが大事なんだ。利益はちょっと無駄遣いしたらすぐになくなっちゃうし、赤字になっちゃう。さっきも言ったように7割の会社が赤字なわけ。だからキャッシュフロー経営をしようねって、クライアントには提案してるんだね

キャッシュフロー経営とは現金の流れを重視して、お金の流れが永続する経営を意味します。キャッシュフローは、お金の流れのことです。

もし利益が出なければ、借金は返せないし設備投資もできません。繰越金も残らないので、会社を続けていくのが難しくなってしまいます。

PLのブロックパズルで会社のお金の流れを把握して、BSのブロックパズルで利益がどういう風に使われたうえで残るのかまで連動して考えられたら、目先のお金のやりくりに振り回される日々から抜け出せます。

ついでに、**繰越金をどうするかについても考えてみましょう。2つあります。**

①万一への備え

飲食店を経営している知り合いがいるのですが、地下にお店を構えているので、豪雨で浸水被害に遭い、1か月ぐらい営業できなかったという話を聞きました。その間、売上はゼロです。それでも、家賃もリース料も発生しますし、店の修理代もかかります。

そういう不測の事態のために、現金を蓄えておけるかどうかは、とても大事なことです。

2020年から3年にわたったコロナ禍では大変な目に遭った会社やお店がたくさんありました。突然1か月営業できなくなって、いきなり売上がゼロになったところもありました。

しかし、売上がゼロでも家賃も水道光熱費も発生します。社員の給料もゼロにはできず、銀行への返済も基本的には止められません。補助金

が出た業界は何とかしのげたかもしれませんが、それ以外の業界は生き残るのに必死だったでしょう。

銀行が貸してくれているうちはまだいいですが、貸してくれなくなった場合、持ちこたえられる現金が手元になかったら会社は倒産します。そういう状況のために繰越金を貯めておくのは、会社を守るための「安全策」になります。

そして、**繰越金を貯めたものが内部留保**になります。

といっても、万一の備えのために内部留保ばかりしていたら、会社は新たな事業に挑戦できなくなるかもしれないし、貯めても貯めても不安は消えないかもしれない。だから、パパは『万一の備えにはいくら必要でしょうか?』ってクライアントに聞くようにしてる。5000万円ぐらいで十分ですか?　それとも1億円?　2億円?　ですかって。ユキがカフェを経営するとして、どれぐらいのお金があったら安心できそう?

うーん、50億円?

50億円!!!　それは世界規模のカフェを開きたいって話かな

どれぐらいのお金があればいいのか、わかんないよ

ごめん、そうだよね。考え方としては、『万が一売上がゼロになっても、何か月間持ちこたえられる現金があれば安心か?』っていうのが1つの目安になる。たとえば、『一時的に売上がゼロになったとしても、それが半年以上続くことはないだろう』と想定すると、不測の事態でも(1か月の固定費+返済額)×6か月の現金が手元にあれば会社は倒産せずに済む、と判断できる。それぐらいのお金を貯めておいたら、安心できるってことだね。たとえば、月の売上が250万円のカフェで固定費が155万円で返済で20万円が必要なら、175万円×6か月=1050万円だね」

う〜ん、けっこうかかるんだね(汗)

②長期的なビジョンへの投資資金

たとえば、3年後に海外で新規事業を立ち上げるとしましょう。

それに3000万円かかるとします。1年で全額用意するのは大変だから、今年はまず500万円を蓄えておきたい。来年は1000万円、3年目はさらに蓄えて、銀行からの融資を併せて3000万円でスタートするというプランを立てたら、それに備えて資金を貯めていきます。

個人にライフプランがあるように、会社にも1年後、3年後、10年後こうなりたいというビジネスプランがあります。それに向けて今年はいくら貯めたいというのが投資資金。そのお金を残すということです。

◉人件費を削らず、粗利をアップすることもできる

う〜、いっぱい話を聞いたから、頭がパンパンになってきた！

一気に話してきたからね。今日はここまでにしようか

頑張って会計の勉強をしてるから、おいしいケーキを食べたいな

そうだね、食べに行こう。パパがユキと一緒に買い物したり、おいしいものを食べに行ったりできるのは、仕事で売上をちゃんと上げて、人件費、つまり自分の給料を確保してるからなんだぞ（笑）

前述したように、家計は会社の人件費と連動しています。人件費は経営者や社員、スタッフに支払われる給料ですが、そのお金が1人ひとりの生活費になります。

会社の社員が10人なら、家計×10という数字が人件費の中から出ているわけです。人件費は粗利から、粗利は売上の中から生まれます。

もし家計の中の貯金、日常生活費や娯楽生活費を増やしたいなら、当然、家計の収入を増やさなければなりません。共働きや副業などの方法もありますが、経営者としては社員に自分の会社で最高のパフォーマン

スをしてもらうほうが売上アップにつながります。

そして、売上がアップすれば人件費も上げられるので、社員のモチベーションが上がって、さらに生産性が上がるでしょう。

そのようなプラスのスパイラルを回すためには、人件費の元である粗利を増やす必要があります。

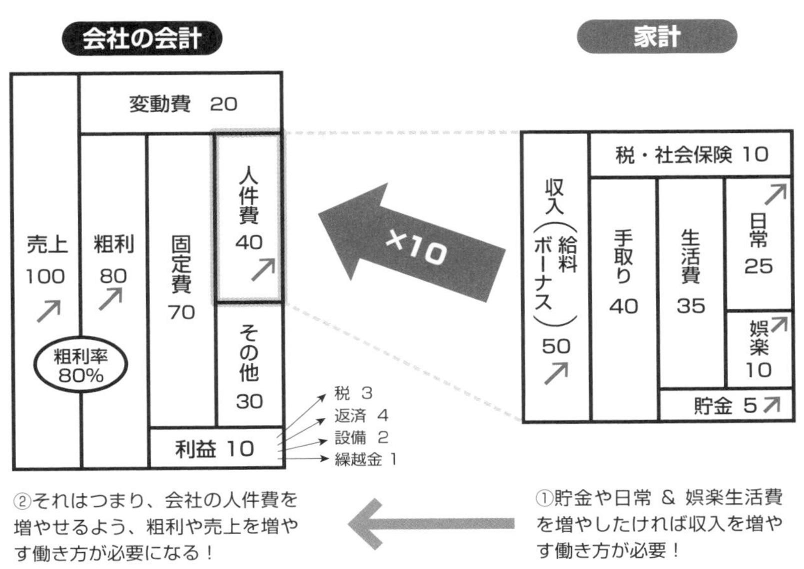

では、粗利を増やすにはどうすればいいでしょうか？

会社のお金の中には減らせないものがあります。

前述したように、税金や社会保険料は減らせませんし、家賃や水道光熱費も引越しなどをしない限り、変わりません。

では、変動費はどうでしょう？

たとえば、飲食店だったら食材のロスを最小限にする工夫をするのは1つの手法です。「シェフのおまかせサラダ」のように、材料を店側の都合でいろいろ変えられるようにすれば、廃棄する食材を減らせます。

スーパーなら閉店の前に生鮮食品や惣菜の値下げをすることで、廃棄になる商品をちょっとでも収益に変える工夫ができます。あるいは、製造業なら仕入れ先を見直したり、10円でも安く仕入れる工夫をすれば変動費は下がります。

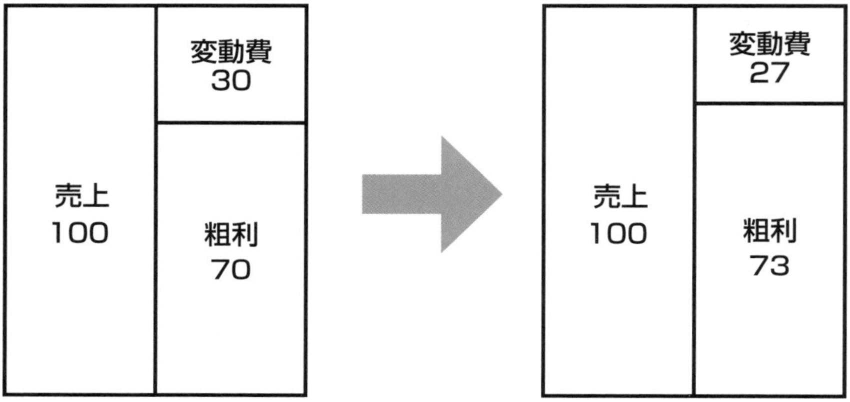

売上 100	変動費 30 / 粗利 70	→	売上 100	変動費 27 / 粗利 73

売上に対して変動費の比率が下がれば、粗利が上がります。

つまり、**「変動費を減らす工夫」=「粗利を増やす働き方」**なのです。

また、売上が増えればもちろん粗利も増えますから、売上を上げる働き方も方法の1つです。

売上を増やすには、どうすればいいでしょうか？

売上は、「客数×客単価×リピート数（購入頻度）」で割り出すことができます。これは世界No.1マーケッターのジェイ・エイブラハムが提唱した公式です。

何人のお客さんが、1人平均いくら買ってくれて、年間に何回リピートするか。この3つのうちのどれかが上がれば売上は増えます。全部が上がったらもっと増えます。

どうすればそれぞれが増えるのかを考えれば、巡りめぐって自分たちの給料も増えるということです。

★ 売上を増やす３つの要素とは

客数
を増やす

客単価
を増やす

リピート数
を増やす

それって、スタバで言うなら、お店に来てくれるお客さんを増やしたり、リピートしてもらう人を増やせばいいってこと？

そういうこと。客単価自体は、会社で決めていることもあるから簡単にはいじれないけど、その２つはバイトのユキでもできるんじゃない？

えーと、友達に来てもらったりとか？

そうそう。ＳＮＳで新作コーヒーの写真をアップしたら、それを見た人が来るかもしれないよね。それで、ユキが元気よく接客したら、『またこのお店に来よう』って思う人もいるかもしれない。そういった地道な活動で来店者数も粗利も増えるし、人件費の枠も増えるってこと。そして、人件費の枠が増えたら給料をアップできるから、家計も助かる。そうやって会社と家庭のお金はつながっているんだね。経営者も働く側もそれを意識していたら、１人ひとりの働き方が変わると思うんだここまでお話ししてきたように、ブロックパズルで全体像を見てみないと、赤字企業の場合、「費用でもっとも多くを占めている人件費から削ろう」という発想になりがちです。

しかし、人材は一度離れると基本的には戻ってきません。しかも、今はどこの業界でも人手不足なので、より高い条件の企業へと移っていく人を止めることはなかなか難しいものです。

だからこそ、今いる人材を大切にするのが経営者にとって最優先事項です。

そして、経営を考え始めた人は、本当にその人数の社員を雇う必要があるのかどうかをよくよく検討しましょう。今は外注でできる仕事は多いので、必ずしもそんなに多くの社員を雇う必要はないかもしれません。

一度雇ったら簡単に給料を下げたり解雇したりできないので、自分は社員の家計を担う立場にあるのだと自覚して、採用は慎重に進めてほしいと思います。

この章のまとめ

- **ブロックパズルをつくれば、会社と家庭の「お金の流れ」がパッと見てわかる**
- **ブロックパズルは、社長と社員の望みを両立させる**
- **利益は「万一への備え」と「長期的なビジョンへの投資資金」として必要である**

第3章

起業の準備や
業績アップにも
ブロックパズルが効く

Money and Accounting

起業する前に ブロックパズルをつくってみよう

◉起業の資金はいくら必要か知っておく

パパ、今日スタバで社員の人とおしゃべりしてるとき、『私、将来カフェをやりたいんです』って話したら、『運転資金も貯めといたほうがいいよ』とか、『イヌキ？　物件を借りたら初期投資を抑えられるよ』って教えてくれたんだけど

おっ、自分の目標を口に出してアウトプットするのはいいことだね。いろんな情報が集まってくるし

その人は、親戚にレストラン開いてる人がいるって言ってたから、カフェのことでアドバイスもらえるんじゃないかなって思って

うんうん、いい考えだね！　いきなりだけど、運転資金ってどういう意味だと思う？

えっ。うーん、運転だから……会社を回すために必要なお金？

じゃあ、初期投資は何だと思う？

最初に必要なお金？

他に、設備投資って言葉もあるんだけど、それは何だと思う？

設備。えーと、建物とか？

じゃあちょっと意地悪な質問をしていい？　初期投資と設備投資の違いは？

うわー、わかんないよお

★ 起業するために必要な資金とは？

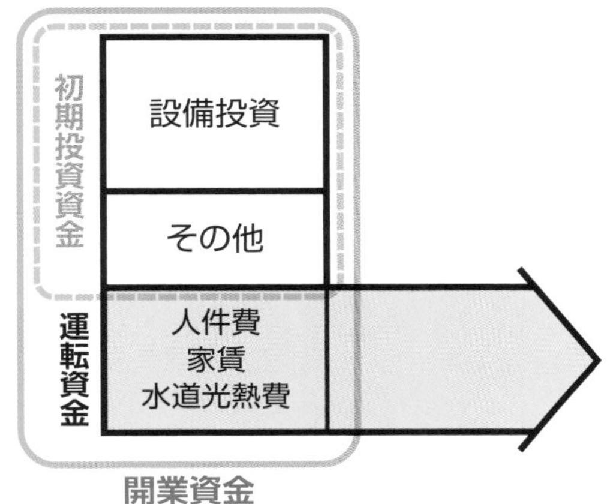

運転資金、初期投資、設備投資。これらの言葉をひっくるめて「開業資金」と言います。１つひとつ説明していきましょう。

・運転資金

起業するときに忘れがちなのが運転資金です。

運転資金とは、会社を経営するのに必要な日々の支出、人件費や家賃、水道光熱費や機械のリース代などを賄う資金のことです。

起業するとき、カフェならお店を開く場所を探して借りたり、店のレイアウトを考えて内装を頼んだり、大きな出費に関してはあらかじめ計算していても、開店後のことを計算に入れていない人は意外と多いのです。

いきなり黒字経営ならいいですが、しばらくは赤字が続く覚悟で運転資金を数か月分用意しておくと、オープンしてから「家賃を払えない、どうしよう」などと青くなるのを防げます。

・初期投資資金

オープンするために最初に使うお金を初期投資資金と言います。

たとえば、パン屋さんをオープンするなら、パンを焼く機械や厨房で使う調理器具、冷蔵庫、レジ、看板（これらのように複数年使う高額な資産を入手するための資金を設備投資と言う）、さらにはお店の賃貸契約にかかる諸費用や立ち上げに伴う広告費などが必要になります。それらは初期投資になります。

社員さんが言ってたイヌキって言うのは？

すでにカフェとかレストランで使われてた物件のこと。まっさらな空間でイチからキッチンをつくったらものすごくお金がかかるけど、キッチンがすでにある物件だったら、そのまま使えるでしょ？

あ、そういう意味なんだ。犬は関係ないんだ……なんでいきなり犬の話をしてるんだろって思っちゃった

イヌキは“居抜き”って書くんだ。犬木でも、犬気でもないからね（笑）。まあ、とにかく、初期投資と運転資金を計算してお金を貯めといたほうがいいよってことだね。ナイスアドバイスだと思う

ちなみに、経営コンサルタントは身１つでやれる仕事なので、僕は独立するときは90万円でスタートしました。当時、すでに結婚していたので生活費と仕事の経費で１か月60万円ぐらいはかかるとして、１か月半以内に売上をつくらないとキャッシュがなくなるという、無謀な出

発でした。

当時は若さもあり、勢いと行動量で複数の契約が決まり、何とか銀行にお金を借りずに乗り切れました。

ただ、だからといって開業資金が安く抑えられる業種を選べばいいというわけではないと思います。どんな業種でも過剰な投資をせず、**適切な初期投資で小さく始めて大きく育てる**ほうが今の時代には合っています。

◉最初の3期分の業績を予想してみよう

経営には波があって、絶好調なときもあれば、絶不調なときもあるものなんだ

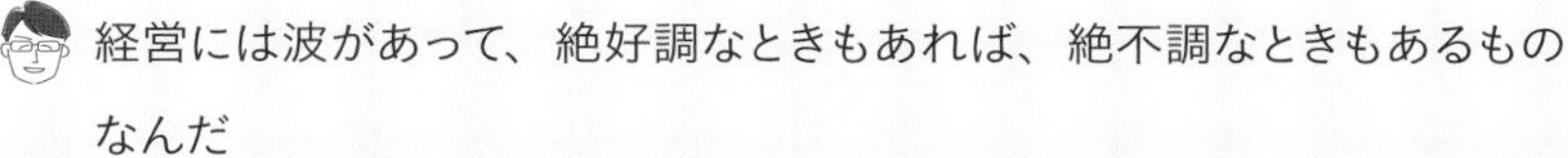

そういうとき、私にもあるよ

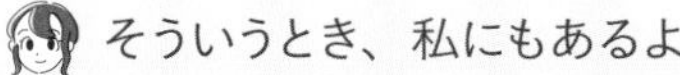

だよね。人と同じで、会社にも波はある。せっかくだから、起業前の段階から、会社がスタートして軌道に乗ったんだけど失速して、また復活させるまでの会社経営の波について話そうか。その時々のブロックパズルの使い方があるんだ

ブロックパズルって1個だけでしょ？　そんなにいろんな使い方ができるの？

まあね。ブロックパズルを使いこなせるようになれば、会計のお困りごとはほぼ解決できるから

それ知りたい！

でね、起業するときに必ず必要になってくるのが、資金調達なんだ。億万長者だったら自腹でビジネスできるかもだけど、多くの人はそうはいかない。だけど、今は100万円しか持ってなくても、ビジネスのアイデアがあったら、起業したいじゃない？　数千万円とか億とか貯めるまで待っていたら、いつ起業できるかわからないし。そういうときは、銀行に融資してもらうか、投資家に出資してもらうか、今ならクラウドファン

ディングでお金を集める方法もある

でも、お金を借りても返さなきゃいけないんでしょ？

金融機関に借りた場合はね。ただ、銀行は過去の実績を重視するから、これから起業する人にはなかなかお金を貸してくれないんだ

え、じゃあ、どうすればいいの？

いわゆるメガバンクに融資してもらうのは厳しいかもしれないけど、地銀、つまり地元で営業している銀行とか信用金庫なら、ベンチャー企業のサポートに力を入れているところもあるよ。また、日本政策金融公庫とか政府系金融機関の力を借りる手もある。そういうところを見つけて交渉するか、投資家を見つけて出資してもらうか。ちなみに、投資家には返さなくていいんだよ。起業したばかりのベンチャー企業に投資をする人を『エンジェル投資家』って言うんだけど、その人たちは株主になって、その企業が成長して上場したときに大きなリターンを得るんだ

エンジェルって天使のことだよね？

そうそう。起業家にとっては救ってくれる天使のような存在だからね。アメリカではエンジェル投資家の力を借りるのは普通の話で、アップルとかUberもそれで起業したんだ。あと、ベンチャーキャピタルって呼ばれる、ベンチャー企業に投資する会社もある

カフェでも投資してくれるのかな

うーん、普通のカフェじゃ難しいかもね。今までにないコンセプトのカフェとか、社会的な意義のあるカフェなら希望はあるかも。地銀とかに融資を受けるほうが、まだ現実的かな

小さなカフェでもお金を貸してくれるのかなあ

そういうときのためにブロックパズルがあるんだ

ブロックパズルは自分でこれから始める企業や事業がどのような収支構造（ビジネスのお金の入りと出のバランス）になるのかをつかむためにも使えますが、**銀行や投資家から資金を出してもらいたいときにも使**

えます。

銀行や投資家も、ビジネスのビジョンを聞かされるだけでは、「それで？」となるでしょう。どんなにビジネスのアイデアが素晴らしくても、データがないと説得力はありません。

かといって、「1年後に1億円、3年後に5億円の利益を生み出します！」とグラフをもとに語られても、イメージしづらくて説得力がない。そこでブロックパズルを使えば現実味を帯びてきます。

★ 起業するときの資金の支援先は？

どんな事業でどれぐらい開業資金が必要になるのかは、それこそ経営を考え始めたころに知っておいたほうがいいと思う。カフェだったら、いろんなタイプのカフェがあるけど、だいたい開業資金は600万〜900万円必要だって言われてる

600万！　やっぱりそんなにかかるんだあ

それでも安いほうじゃないかな。レストランだと1000万円は必要だって言われてるし、歯医者だと3000万〜4000万円、場合によっては5000万円超えるから、桁が違うでしょ？　歯医者は基本的にスタッフを雇うから、そうしたら3か月から6か月分の給料も運転資金として確保しておく必要がある。ってなると、結局7000万円ぐらい開業資金は必要かもね

はあ〜、やっぱお医者さんはすごいね

小さなカフェなら、もっと初期投資を抑えられるだろうし。それで、ユキはまだ300万円しかなかったとする。でも、ある日、カフェを開きたい場所を見つけた。そこでカフェをするしか考えられないぐらい、理想にピッタリな場所だったら、どうする？

パパとママに相談する

うん、そうなんだけど。そうして欲しいんだけど。お金も貸しちゃうかもしれないんだけど、それは置いといて。残りの300万円を調達するために、銀行か投資家にお願いするとする。そのときにこんなブロックパズルをつくればいいんだ（次ページ参照）

1年目の売上の予測の立て方は、この間教えた『客数×客単価×リピート数』の式で割り出せばいいんだ。1日に何人のお客さんに来てもらいたいか、1人当たりのお客さんにいくらお金を使ってもらいたいか、どれぐらいの人にリピートしてもらいたいか

1日に来てもらいたい数……100人ぐらい？

それだとかなり大変だよ。8時間営業するとして、1時間で12人ぐらいのお客さんに来てもらうことになるから、12人の席をつくってフル稼働させなきゃいけない。1人でやっていけるかな？

それはムリだなあ。あ、今、ちょっとわかった気がする。新しくできたお店に入ったら、すごく広いことってあるじゃない？　お客さんは2、3人しか入ってないのに、席がたくさんあるような。そういうお店って、長続きしないよね

そうそうそう、そういうことなんだよ。ブロックパズルで1つひとつ考えていったら、現実的な数字を割り出せるんだ。1人で1時間に接客するのは5、6人が限界だなって思ったら、客席もそれに合わせればいい。そうしたら、広いスペースは必要じゃないよね。最初から広いスペースを借りちゃったら、満席にならないと利益は出ないから、数か月で運転

資金なんて吹き飛んじゃう。身の丈に合ったスタートが大事なんだ

それなら、私は1日当たり20～30人ぐらいがちょうどいいな。客単価は、お客さんにゆっくりしてもらいたいから、スイーツとか簡単なランチとかは出したいな

いいね。そうやって1つひとつの数字を考えて、それを年間の営業日でかけ算したら、1年間のざっくりした売上になるよ。週休1日で営業したら、年間で何日お店を開けるのかは、すぐに計算できるし

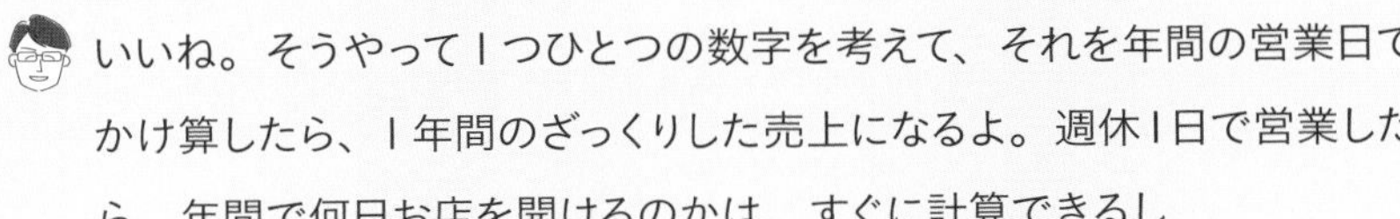

そうやって売上の予測ってするものなんだね

変動費は、ネットで『カフェ　ランニングコスト』とか『カフェ　原材料費』とかで調べたら、だいたいの目安が出てくるよ。『1日ごとに使う材料費×年間の営業日』を地道に割り出してもいいし。粗利は『売上－変動費』ね。業種ごとに粗利率の目安があって、飲食店は70%なので、それで計算してもいい。人件費は、自分が毎月これぐらいの収入があればやっていける金額を入れる。その他の固定費は家賃とか水道光熱費。これもネットでカフェ経営でどれぐらいかかるのか調べれば出てくるし、出店したい地域の店舗用物件の家賃を調べれば、だいたいわかると思う。って感じで、最後に利益を計算して、1年目のブロックパズルは完成

1年目（12か月目）

- 4人席テーブル×6台＝24席
- 客単価 @1,000円
- 月26日
- 1日1回転

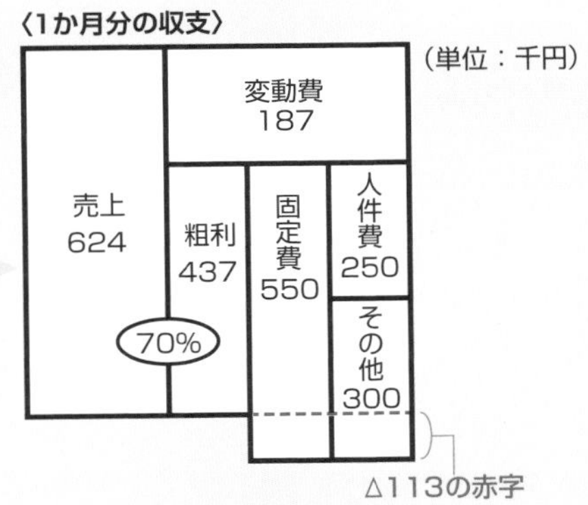

なんか、意外と簡単につくれるものなんだね。もっとすごい時間がかかるかと思った

うん、ブロックパズルはお金の流れをざっくりと把握するためのものだから、そんなにきっちりと正確につくる必要はないんだ。で、2年目は1年目をもとに、どれぐらい売上が上がってるといいなと考えてつくればいい。売上2倍だと大変だから、1.5倍ぐらいにするとか。それに合わせて変動費や給料も変えていく。3年目は2年目より売上を多く設定する。それら3つのブロックパズルを銀行の担当者や投資家に見せれば、『きちんと考えて起業しようとしてるんだな』って思ってもらえるよ、きっと

2年目（24か月目）

- 4人席テーブル×6台＝24席
- 客単価 @1,000円
- 月26日
- 1日1.5回転

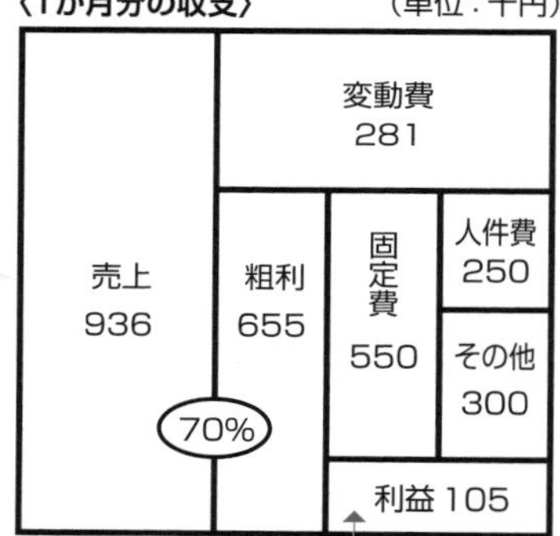

3年目（36か月目）

- 4人席テーブル×6台＝24席
- 客単価 @1,200円
- 月26日
- 1日2回転
- スタッフ（バイト）2人採用

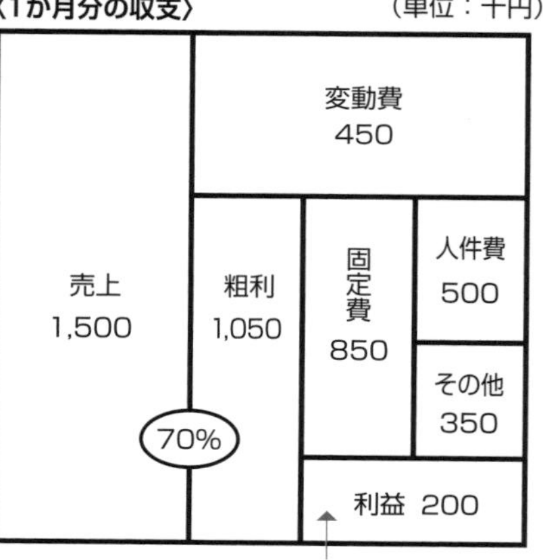

それならブロックパズルを絶対につくる！

ここで、複数年のブロックパズルをつくるときのポイントです。

たとえば売上が初年度1000万円、2年目2000万円、3年目5000万円と予測したときに、ブロックパズル全体の面積をそれに合わせて大きくします。そうすればその事業の成長度合いを視覚化できるので、説得力が生まれます。

各ブロックも、変動費が多ければ変動費の枠を大きくしたり、人件費が多いなら人件費の枠を大きくするなど、どの費用が多いのかを面積でわかるようにつくってみましょう。

もし、ブロックパズルをつくってみて、『このカフェ、全然儲からないなあ』ってわかったら、どうすればいいの？　もうやめたほうがいい？

そうとも限らないよ。たとえば、利益がこれしか出なかったら、借りたお金の返済に100年かかるってわかったとする。そのままやったら絶対まずいよね。それなら、設備投資を抑えるとか、メニューの単価を上げるとか、メニューの数を抑えるとか、いろんなパターンを考えてブロックパズルをつくり直してみればいいんだ。そうすれば、現実的な落としどころが見えてくるよ

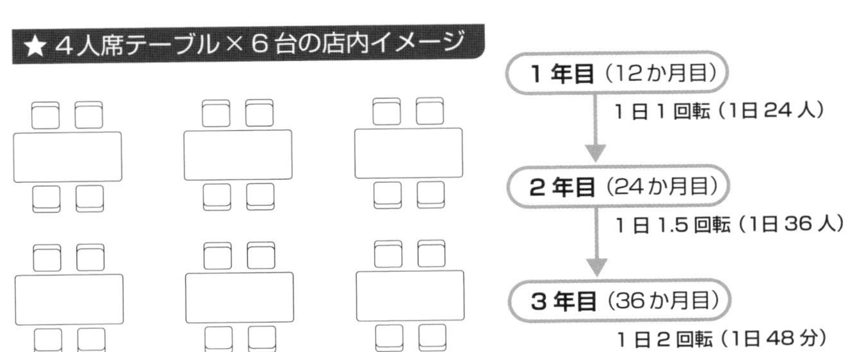

Money and **2** Accounting

経営分析にも使えるブロックパズル

◉「労働分配率」についても知っておこう

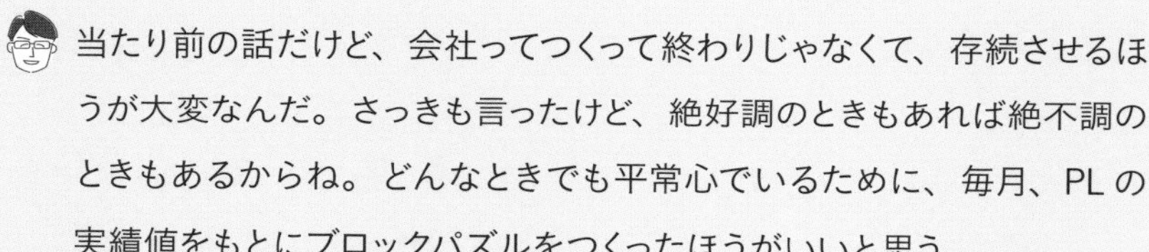

当たり前の話だけど、会社ってつくって終わりじゃなくて、存続させるほうが大変なんだ。さっきも言ったけど、絶好調のときもあれば絶不調のときもあるからね。どんなときでも平常心でいるために、毎月、PLの実績値をもとにブロックパズルをつくったほうがいいと思う

毎月つくるの？

自分でつくるのが大変なら、それこそ税理士とか専門家につくってもらえばいいんだけど。分厚い帳簿と毎月にらめっこしているより、ブロックパズルでざっくりとお金の流れを把握したほうが、何かあってもすぐに対策を取れるからね

ずっとブロックパズルをつくってたら、何かいいことがあるの？

ブロックパズルをつくり続けたら、会社がお金を残せるような体質に変われるんだ。たとえば、カフェを開いてお客さんが来なかったとする。そこで、やみくもにチラシをまいたり、最近巷でヒットしているメニューを出したり、値下げするのはよくある手段だけど、全然効果が出ない場合もあるんだ。それよりは、変動費を見直して材料費を抑えようって考えると、『いっそ、独自性のある1種類のコーヒーだけで勝負するのはどうだろう？』ってアイデアが浮かぶかもしれない。それが希少性があって高い付加価値を提供できれば、在庫やロスの減少と相まって、利益が出る可能性が生まれる

いろんな方法があるんだね

固定費を見直して、水道光熱費が高いなと思ったら、時間を短縮して営業するという方法がある。電力会社は、深夜から早朝にかけての電気代が安くなるプランを提供してるから、早朝に営業するカフェにしたら、電気代をかなり抑えられるかもしれない。あるいは、家賃が高いなら、逆に営業時間を延ばす発想もあるし、夕方でクローズするなら夜の時間を使って別の収入源をつくる道もある。ブロックパズルだとお金がどう入ってどう出ていって、どう残るのかがわかるから、そうやって、現実的に利益を出す方法を考えられるんだ

僕は、ビジョンとお金を両立させる専門家「キャッシュフローコーチ®」の協会をつくって、銀行に依存するのではなく、健全な形で銀行と関わりながら企業がお金の流れを永続できる体質になることを目指して、全国の仲間たちとコンサルティングをしています。

その**コンサルティングでお金の流れを見るために重視している、2つの指標**をご紹介しましょう。

1つは、ここまでお話ししてきた"粗利率"。

売上に対する粗利率の割合を3年間で比較したときに、上がっている場合と下がっている場合があります。

普通は、商品構成が変わらなければ横ばいです。けれども、ある年に急に値引きキャンペーンを乱発したら、粗利率は下がります。あるいは、粗利率の高い商品がバーンと売れた場合には、全体としての粗利率が上がります。

大事なのは、粗利率が上がっても下がっても、その原因をきちんと突きとめておくこと。

会社としてはやはり粗利率は高いほうが、より利益が残りやすくなるので、分析して活かしていくことが理想的です。

もう１つの指標は、“労働分配率”です。

労働分配率とは、粗利（＝付加価値）に占める人件費の割合を示す指標のことです。

ちょっと待って、意味わかんない

そうだよね、いかにも専門用語って感じだからね。これ、労働『に』分配する比率って意味なんだ。労働っていうのは人のこと。つまり、会社の粗利をどれぐらい人件費に回しているかっていう意味なんだね。そう聞くと、大事なのがわかるでしょ？

それなら納得

労働分配率は、粗利に対して人件費が何％占めているかを計算するものです。

労働分配率 ＝（人件費 ÷ 粗利【付加価値】）× 100

付加価値と言うと、ふわっとした印象を受けますが、要は粗利のことです。

労働分配率は大企業であれば約50％がひとつの基準で、中小企業であれば70～80％が平均値です（2022年版中小企業白書）。ただ、これだと人件費の負担が大き過ぎて、その他の固定費をそこから引くと、もう利益は出ない状態です。なので、60％以内に抑えておきたいところです。もちろん、会社によって理想値は異なるので、お金の流れを止めないためには、自社にとってちょうどいい労働分配率を把握しておきましょう。

ただし、くれぐれも安易に「労働分配率が高すぎるから、社員を減らそう」などと考えないように。そのマンパワーで今までの２倍の生産性を上げられたら、売上と粗利がアップするかもしれません。

1人でお店をやる場合も労働分配率って必要なの？

確かに、1人のうちは不要と思うかも知れないね。でも、必要なんだ。自分の給料が、生み出した価値にちゃんと見合っているかを確認できるからね

なお、PL のブロックパズルは毎月つくるのをおススメしますが、BS のブロックパズルは１年に１回ぐらいつくれば十分です。BS は健康診断のようなものなので。

今の健康状態がわかったら、それを元に「不良在庫を減らしていこう」「借金を減らしていこう」と判断していきますが、急に数値が変わるわけではありませんし、PL が積み重なった結果が BS です。なので、BS は年に１回、実績をチェックするだけで問題ありません。

◉資金繰りを「見える化」するブロックパズル

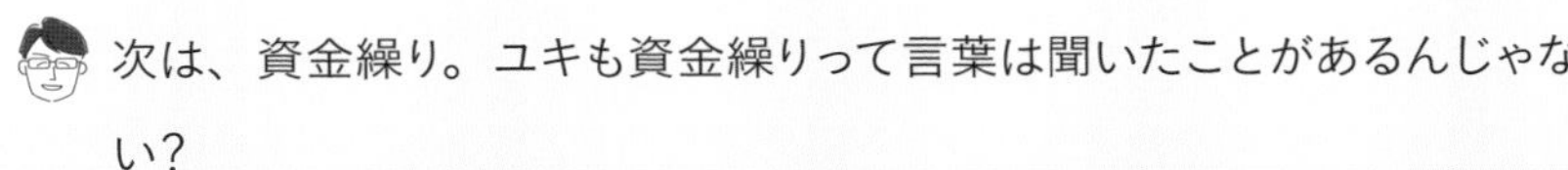
次は、資金繰り。ユキも資金繰りって言葉は聞いたことがあるんじゃない?

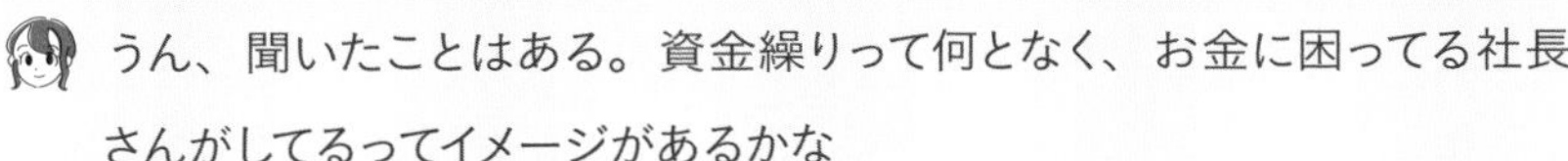
うん、聞いたことはある。資金繰りって何となく、お金に困ってる社長さんがしてるってイメージがあるかな

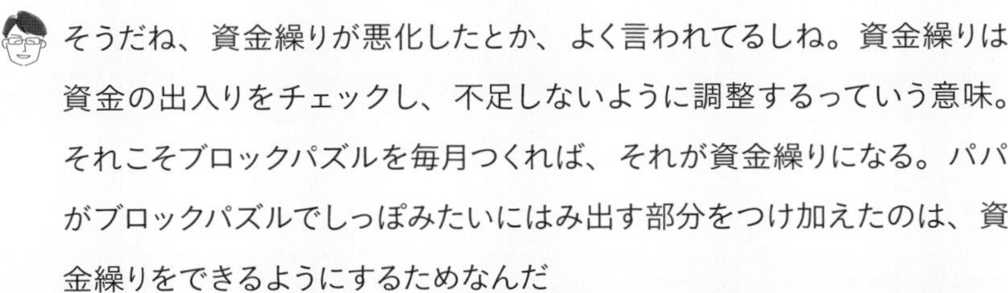
そうだね、資金繰りが悪化したとか、よく言われてるしね。資金繰りは資金の出入りをチェックし、不足しないように調整するっていう意味。それこそブロックパズルを毎月つくれば、それが資金繰りになる。パパがブロックパズルでしっぽみたいにはみ出す部分をつけ加えたのは、資金繰りをできるようにするためなんだ

資金繰りのためにブロックパズルを使うときは、利益を出した後のお

金の流れまで書き込むことが大事です。

そのうえで、過去3年のブロックパズルを並べて、お金の流れの傾向をつかみます。

すると、「利益に対して銀行への返済が大きすぎる」から、「返済期間を延ばして月々の返済額を減らせるように銀行に交渉しよう」など、問題点と対策が見えてきます。

あるいは、歯科医院が新しい設備に多額の投資をしていて、その割には患者さんが増えていないし、その機械もそれほど使っていないなら、「しばらく設備投資をしなくてもいいかもしれない」のように判断できます。

そのように、**どこに問題点があって、それにどう対策していけばいいのかがブロックパズルで見えてきます**。

中小企業の経営者って、何かの経営者の会に入っている人が結構多いんだ。それで会費が年間で何十万円もかかったりしてて、その他の固定費にそれが入るんだね。でも、『去年は何回行ったんですか』って聞いたら、『いやあ、1回も行ってないんだよね』なんて答えが返ってくるから、『だったら、やめませんか?』って経営者に提案したことがある。

どうなったの?

それで実際にやめてみても、何も困らなかったんだ。もし、その会費を年間30万円払ってるなら、大きいじゃない?　その30万円を銀行の返済にあてられるかもしれないし。そういう感じで、どこにメスを入れたらいいのかが、ブロックパズルを見てるとわかりやすいんだね

さっき、起業してから毎月ブロックパズルをつくったほうがいいって話だったじゃない?　そのときに、一緒に資金繰りを考えればいいのかな

いいアイデアだね!　ただ売上や粗利や利益をチェックするだけじゃなく、それぞれのブロックでムダがないかもチェックすれば、一度で済ま

せられるね。それで、資金繰りをやっておかないと何が起きるかって言うと、黒字倒産が起きたりするんだ

え？？？　倒産って赤字になったら起きるもんじゃないの？　黒字っていいことじゃないの？

ホント、ポカーンって感じだよね。これ、経営の落とし穴なんだよね

「勘定合って銭足らず」という言葉、皆さんも聞いたことがあるのではないでしょうか？

これは、帳簿の計算上は間違いなく黒字だけれども、現金が足りないという意味です。PL では黒字だけれども、実は在庫が多くてまだお金になってない場合は、勘定合って銭足らずの状態になります。

BS でも 1 億円入る予定で資産（売掛金。くわしくは次ページ参照）に入れていたけれども、取引先の事情で 1 億円の売上を回収できないまま何か月も経過したら、手元のお金が足りなくなります。

そのような PL や BS では気づかないお金の流れを浮き彫りにするために、第 1 章でご紹介したキャッシュフロー計算書（36 ページ参照）をつくるわけです。

黒字倒産なんて、めったに起きないことだと思うかもしれませんが、意外にも結構な割合で起きています。

たとえば、2021 年に倒産した会社のうち、赤字で倒産したのは 61.04%、黒字で倒産したのは 38.96% となっています（東京商工リサーチ「倒産企業の財務データ分析 2021 年」）。約 4 割の会社が黒字倒産しているということです。2021 年以前は、5、6 割が黒字倒産だった年もあります。

★ 2021年の「黒字倒産」は全体の４割だった

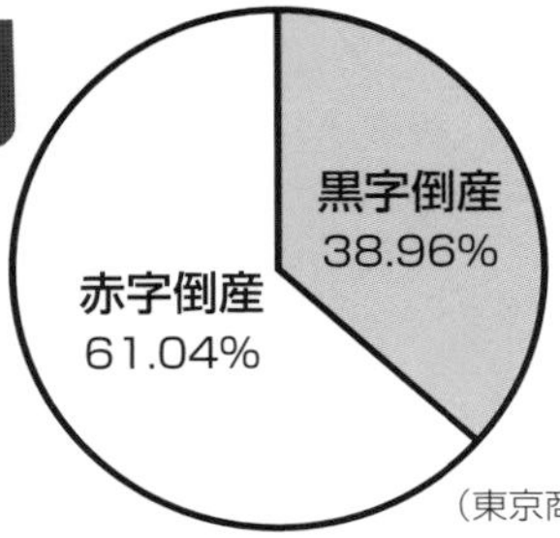

区分	割合
黒字倒産	38.96%
赤字倒産	61.04%

（東京商工リサーチ調べ）

黒字倒産になる主な原因は次の３つです。

1、過剰な在庫を抱えているとき

売れ筋の商品だからと一気に仕入れたら、ブームが終わってしまったようなケースです。在庫はBSの資産になるので、黒字になっているように見えるのですね。

2、売掛金が回収できなかったとき

これも黒字倒産あるあるです。

売掛金とは、商品やサービスの代金を後払いで回収するために、まだ入金されていないお金のことです。

たとえば、卸売業者がスーパーに商品を卸した後に、そのスーパーが倒産したら代金を回収できなくなってしまいます。これを「貸し倒れ」と言います。

もし、そのスーパーが大口の取引先だったら、急速に資金繰りが悪化して倒産、という事態になりかねないのです。

3、過剰な投資をしているとき

投資したお金が返ってくるまでには時間がかかるので、手元のお金がなくなってしまって倒産するケースです。

商品が売れているので、工場を増やすために新しい土地を借りて、建物を建てて、機械を揃えたのにもかかわらず、商品が売れなくなったら、それらすべてが負債になってのしかかってきます。

★ 黒字倒産になる主な原因

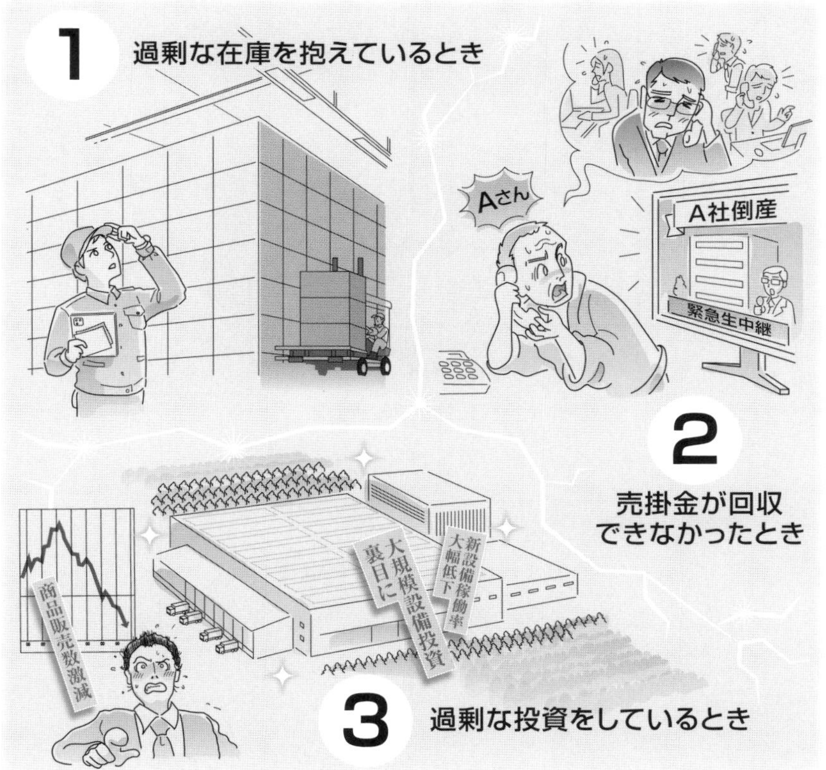

これをブロックパズルで表すと、売上が100あって、利益が10出ているから、一見黒字なんだ。でも、売上100のうち、売掛金の未回収が10あったとする。そしたら、その利益はないのと同じことになる。見せかけの利益から税金の3は何とか払ったとしても、残り7は使えないから10減ってマイナス3。マイナス3の分、パズルが下に飛び出ちゃう。さらに、過剰な在庫が5あったら、その分も下がってマイナス8。それぐらいになると、かなり経営が厳しくなってくる（次ページ参照）

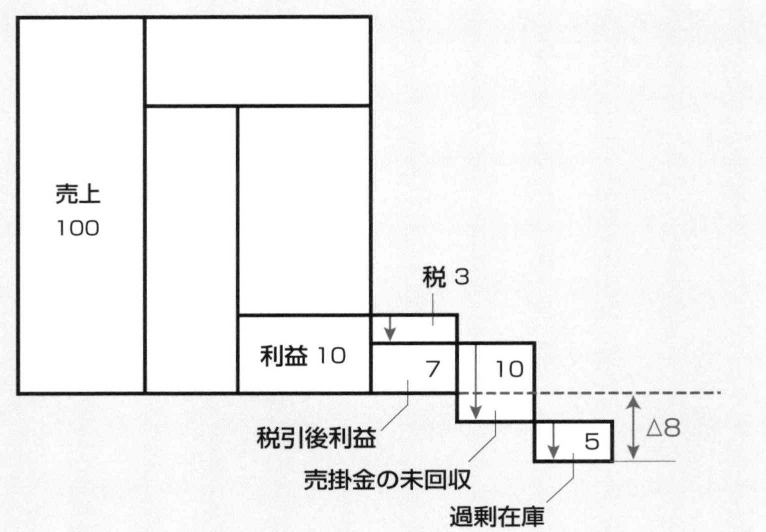

銀行がお金を貸してくれるんじゃないの？

金額があまりにも大きいと、銀行もすぐには貸せないからね。それに、その会社の事業に将来性がなかったり、返済する力がなかったら、『これ以上貸してもねえ』ってなるだろうし

そうならないためには、どうすればいいの？

そうならないためにも、普段から利益を生んでお金をつくっておく必要があるんだ。そうすれば、取引先が突然倒産しても、何とかしのげるからね。そのためにブロックパズルを毎月つくりましょう、って話になるわけ

そうやってつながるんだ

Money and Accounting

業績アップにも ブロックパズルを役立てよう

◉ピンチから脱出するための ブロックパズルの使い方

さっきも言ったように、会社には波がある。小さな企業だけじゃなく、大企業だって、『倒産寸前』とか『V字回復』とか言われたりするでしょ？ 大事なのは、絶不調なときの乗り越え方なんだ。備えあれば憂いなしってことわざもあるように、ピンチになったときの解決策を知っておけば、荒波は乗り越えられる

ううう、私に乗り越えられるかなあ

もしそうなったら、パパも一緒に考えるから、それは大丈夫。ユキは債務超過って言葉、聞いたことある？

うーんと、倒産する会社のニュースを見てたら、債務がどうのって言ってた気がする

そうだよね。債務は一言で言うと負債、借金を抱えてるってことなんだけど、債務の額が資産の額を上回っている状態のことを債務超過って言うんだ

それって、赤字とどう違うの？

赤字が貯まりに貯まって、資産より借金が膨らんじゃったってこと。1年間赤字でも、黒字に戻せたら問題ないんだ。でも、そのままずっと赤字の状態が何年も続いたら、資産を取り崩していくしかなくなるんだ

赤字の会社をPLのブロックパズルで表すと、利益のブロックがなくて、枠の下にはみ出します。

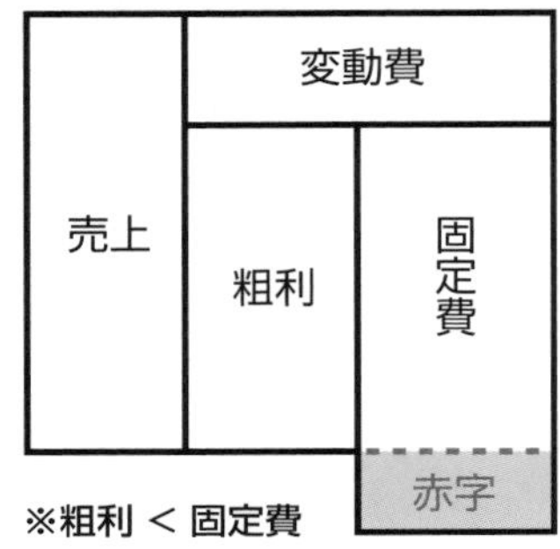

PLの利益がゼロになったら、銀行の借金や税金などは払えなくなりますね。そのお金はどこから持ってくればいいでしょう？

それは資産から、つまりBSの純資産（内部留保）から持ってくることになります。

内部留保は会計用語では「利益剰余金」と呼ばれています。毎年利益が積み重なっていくと、利益剰余金は増えていきます。

逆に、赤字が続くと利益剰余金はどんどん減っていき、やがて資本金も食いつぶしてゼロになります。**それでも赤字が続いたら、資産を負債が超えてしまいます。これが「債務超過」です。**

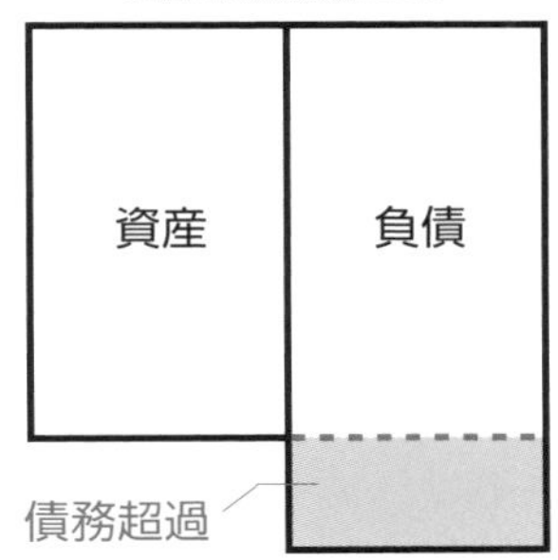

そもそもなんだけど、どうして債務超過になっちゃうの？

それは、いろんな原因があるね。お金はあればあるだけ使っちゃうような放漫経営をしていたとか、バブル崩壊とかリーマンショックとかコロナ禍とか、世の中の流れでビジネスがストップしちゃう場合もあるし。斜陽産業で仕事が減ってるとか、経営者が病気になって働けなくなっちゃったとか

最初の例以外は、どうしようもできなさそう

まあね、ユキは放漫経営は関係なさそうだけど。とにかく、万一に備えて打開策がどこにあるのかをいつも考えておくといいね。ちなみに、赤字の PL と債務超過の BS の関係をブロックパズルで表すと、こうなる

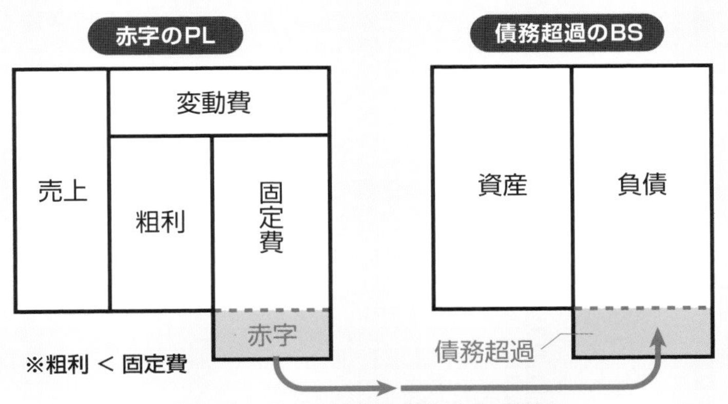

うわ〜、赤字と負債がズドンとあるって感じ

強烈でしょ？　それに、債務超過になると、銀行にお金を貸してもらえなくなる可能性が高まるんだ。利益が出ていなければ、そこから銀行に返済するのは無理だろうと。お金を貸しても返してくれないだろうってみなされちゃう。そういう状況になるとよくあるのは、社長が自分の報酬をゼロにしてしまうケース。仮に、社長の報酬が年間1000万円なら、赤字幅が1000万円以内であれば黒字に転換するからね。それで社長は個人の預貯金を取り崩して食べていく、と

切ない……。それでやっていけるの？

その通りで、5年も10年も続けられますかっていったら、普通はそんなに持たないからね。だから、自分の必要最低限の報酬を確保したうえで、利益が出るかどうかを示せないと、銀行はなかなかお金を貸してくれないだろうね

そういう場合、どうすればいいの？

地道に利益を生み出す方法を考えるか、会社に見切りをつけるか、かな

見切りをつけるって、やめちゃうってこと？

そう。廃業するってこと。でも、実際には「すべての手を打って、もうやることは何もないから諦めよう」って思ってる場合でも、どこかに盲点があるものなんだよね。それに気づけるのがブロックパズルなんだ

右肩下がりの斜陽産業の会社の経営者が、自社のブロックパズルをつくってみたところ、売上を伸ばせる見込みもないし、変動費はもうすでに削りつくしていて、社員の報酬もこれ以上下げられないとわかったとします。そういう場合は、もう廃業にするしかないと諦めたくなりますが、僕から見ると、まだ盲点がある場合がほとんどです。

ただし、業績を急激に回復させるような奇策はありません。

たいていはすべての手を打ったつもりでも実はそうではないので、ブロックパズルで打開策、つまり解決の糸口を見つけます。

さっき、起業前の資金調達のブロックパズルのつくり方を教えたでしょ？債務超過の場合も、ブロックを１つひとつ検証していくんだ。売上の客数×客単価×リピート数の、それぞれの要素を上げる努力をしたのか。たとえば客単価を上げることに抵抗を感じる経営者は多いから、そこは意外と手付かずだったりするんだよね

★ お金のブロックパズルを使って債務超過から抜け出す

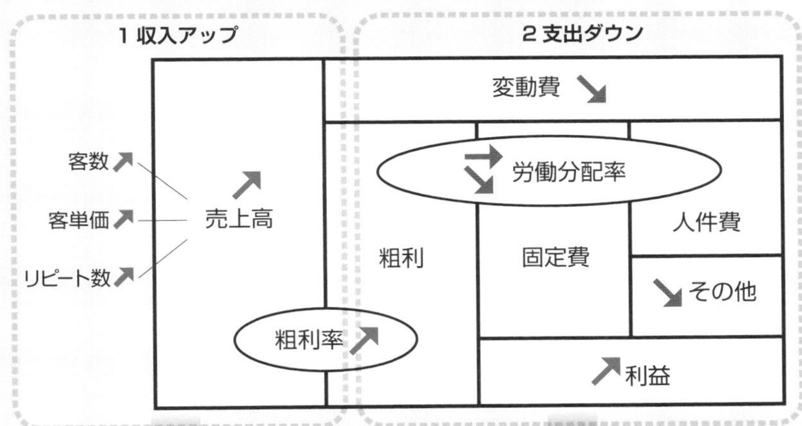

①客数のアップ
②客単価のアップ
③リピート数のアップ

④変動費のダウン
⑤その他の固定費のダウン
⑥労働分配率の維持またはダウン

問題を細かく分解していくってことだね

そういうこと。変動費を下げるために、仕入れ先を見直すか、値下げ交渉をするか、まとめ買いすることで値引きできないか、ロスを何かに活かせないか、とかね。それをすべてやったのかと聞くと、そこまでしていない会社がほとんどなんだ。長年のつきあいで何十年も仕入れ先を変えていない、なんてのはよくある話。ブロックパズルをつくると、シンプルに問題点が見えてくるんだ

そのように、それぞれのブロックでの対策をすべて書き出していくと、「ここは手つかずだ」という解決策が見えてきます。そうすれば、後は実行あるのみ。

なお、**ブロックパズルに書き込んでいくときはブロックごとに吹き出しをつけて、その中に何をしたのかを箇条書きで書いていく**のがポイントです。

もし、本当に全部の手段をやりつくしているなら、扱っている商品の将来性を考えます。

今の時代、レンタルビデオ屋さんは難しいでしょうし、昔ながらの写真屋さんも難しいでしょう。市場がないところで踏みとどまっても未来はないので、そのスキルを活かして他の市場を狙えないかを考えます。

あるいは、どんな斜陽産業でもニーズはゼロになることはほとんどないので、その業界での「最後の１社」になれば、実は儲かる可能性があります。

アメリカで、世界で最後のフロッピーディスクを大量に販売している、と言われている会社がありますが、そこは世界中から問い合わせがあり、繁盛しているそうです。フロッピーディスクの生産は終わっていますが、不要になったフロッピーディスクを買い取って、航空業界や医療業界など、まだ使っている業界に販売しているのだとか。

なので、本当に希望がないケースは圧倒的に少ないと思います。

最後の手段として、銀行が担保にしている資産を売却して借金を帳消しにしたり、社員に何人か辞めてもらうなどの対策を取ります。このような痛みを伴う改革も時には必要ですが、少なくとも最初に取るべき手段ではないと思います。

だけど、困ったときほど、お金を貸して欲しいよね。銀行って、そういうときのためにあるんじゃないの？

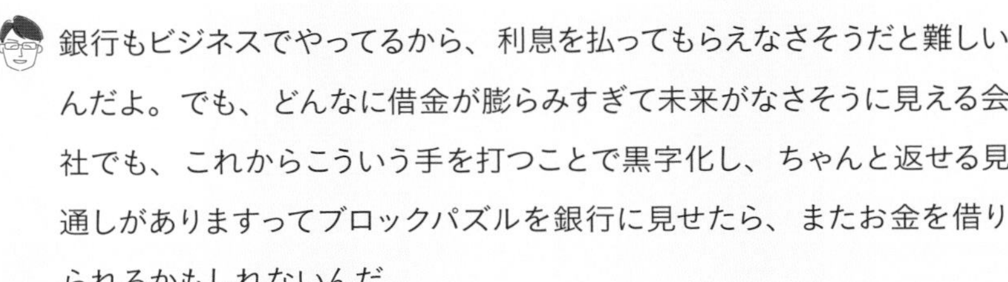

銀行もビジネスでやってるから、利息を払ってもらえなさそうだと難しいんだよ。でも、どんなに借金が膨らみすぎて未来がなさそうに見える会社でも、これからこういう手を打つことで黒字化し、ちゃんと返せる見通しがありますってブロックパズルを銀行に見せたら、またお金を借りられるかもしれないんだ

そうなの？　それなら貸してくれるの？

絶対貸してくれるとは言えないけどね。当たって砕けろで交渉してみる価値はある。たとえば、現在のブロックパズルと、半年後とか1年後のブロックパズルをつくって銀行に持って行くんだ。それで、『今はこういう状況だけど、ここをこう改善することでこれぐらいの利益を出せるようになります。そのために、この半年間はこれだけの資金が必要なんです。融資してもらえませんか』ってお願いする

ブロックパズルって、未来のをつくってもいいの？

もちろん、もちろん。そのときはブロックパズルの粗利の面積が今はこんなに小さくなってるけど、1年後にはここまで大きくなりますって、視覚的に訴えられるから、口頭で数字を伝えるだけより、ずっとインパクトあると思うよ。銀行だって、お金を貸して金利を払ってもらうビジネスだからね。明るい未来のプランを見せてもらえたら、『それなら当面の資金繰りの協力はできますよ。うちから1000万円貸します』ってなるかもしれない

なんか、今思い出したけど。昔、“欲しいものプレゼン”ってやったじゃない？　あれみたい

ああ、欲しいものプレゼンか。あったなあ。ユキが小学校のときだっけ？

そうそう。DSのソフトが欲しかったんだよね。『あれが欲しい』って言ったら、『じゃあパパにプレゼンしなさい』って言われて。ユキや我が家にとってどんないいことがあるかをプレゼンして、そのたびに点数をつけて、100点たまったら買ってあげるって話だったよね

そうだった、そうだった。『このゲームをやると計算力がつく』だとか、『友

達と会話ができるから仲良くなれる』だとか、一生懸命プレゼンしてたよね。確か30点か40点ぐらいで止まっちゃったから、視点を変えて考えてみなさいとか言った気がする

そうそう、『家族旅行に行くとき、渋滞にはまってカーナビでテレビ見たいってなったときに、私は後ろの席に座っておとなしくDSで遊んでる。そうしたら、テレビはパパとママで見られるでしょ』って言ったら、『その着眼点はいいね、10点！』って

そうそう。最後のほうはボーナスポイントつけたり、半ば答えを教えながら、100点に持って行ったんだっけ

ソフト買えたときは嬉しかったなあ。あのソフト、まだ持ってるよ

◎目標を立てるときのブロックパズルの使い方

突然だけど、経営者にとって、大事な仕事って何だと思う？

えっ。社員に給料を払うこと？

それも大事だね。他には何がある？

うーんと、会社を大きくすること？

それも大事な仕事だね

社員を褒めたり怒ったりすること？

それも大事な仕事だね

全部大事ってこと？

ごめん、そういうことが言いたかったんじゃないんだ。僕の考える、経営者にとって大事な仕事は、ビジョンを示すこと。それは、『私達は世の中のためになる仕事をします』って言葉で表現するだけじゃなくて、数字で目標を示すことも含まれるんだ。それで、そのときに使えるのがやっぱりブロックパズルなんだ

目標を示すときにありがちなのは、「過去対比」と「他社対比」です。

今までの売上をもとに、「今期は売上 1.2 倍」のように目標を立てるのが過去対比、「競合他社は 2 億円の売上高だったから、うちの会社は 2 億円を超えよう」というのが他社対比。どちらも、それで社員がやる気になるのならいいですが、人は根拠のわかる数字でないと、なかなか当事者意識を持てません。

そこで、**ブロックパズルを使ってみんなが納得するような数字を割り出します**。

このときに使うのが、「逆算思考」です（次ページの図参照）。

【ステップ 1】

今期の決算書の数字を、まずブロックパズルに入れます。

【ステップ 2】

右下の繰越金から左上の売上に向けて①から⑥の順番で逆算して売上目標を設定していきます。

第２章で繰越金は万一の備えや長期的なビジョンへの投資資金として使うとお話ししました。そこを起点にして考えようという話です。

★目標を立てるときのブロックパズルと逆算思考

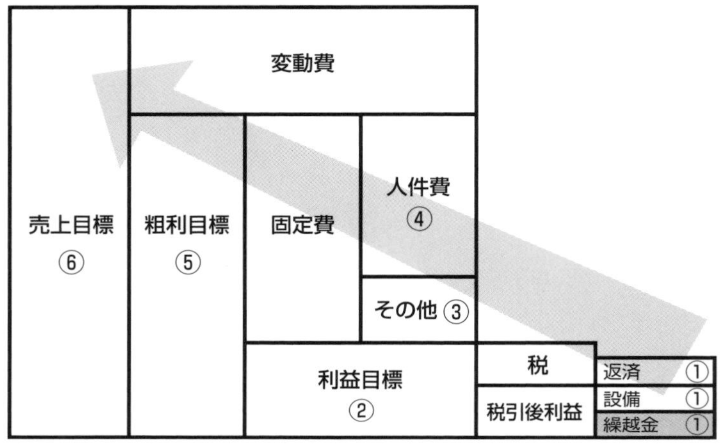

3年後に海外で新規事業を立ち上げたくて、そのための資金が3000万円かかるとするって話、したでしょ？　そのために今年はまず500万円を蓄えておきたいってことになったら、繰越金として500万円を残すための利益目標が必要になる。それで、いくら税金を納めるのかも、銀行への返済も、年初にはもう決まっているから、繰越金にそれを足す。さらに、設備投資したいなら、その金額も足す。そうすれば「②利益目標」が出るよね

逆算って、最後からさかのぼって考えていくってことなんだね

そういうこと。「③その他の固定費」も、家賃とかリース代とかは前年と同じだろう、と。もし、新たに広告を打ったり研究開発したいなら、その金額も加える。「④人件費」も、今いる社員でやっていくならそのままでいいだろうし、人材を増やしたいならその人件費も加える。この2つの固定費と「②利益目標」を足したのが「⑤粗利目標」だよね。粗利率は商品の構成が大きく変わらない限り、年々それほど変わらないものだから、「⑤粗利目標」を粗利率で割り戻すと「⑥売上目標」が出る。

そうやって出た売上目標が 2 億円になりました。ところが、ステップ 1 で書いた今期の売上は 1 億円だった。ってなったら、どうする?

社長は喜びそう

……なるほど。本当に 2 倍になるならね。でも、社員は『今期はやっとのことで 1 億円に行ったのに、もっと働けってこと?』ってゲッソリとなる。だから、ここで終わらせずに、またやり直すんだ

【ステップ 3】

何度も逆算して、現実的な数字を探ります。

利益目標のうち、設備投資を来期はやめておこう、広告費はもっと安く抑えよう、人件費も定年退職する社員の代わりを補充するのではなく、残った社員で仕事を分けて、その分給料も上げよう……。このように、それぞれのブロックで残したいお金や削ってもいいお金を見つけて、2 倍を 1.5 倍、1.2 倍、1.1 倍と実現できそうな水準に近づけていきます。

たとえば、1.1 倍の売上目標なら、社員も『それぐらいなら、達成できそう』ってやる気になるかもしれないし、会社も繰越金を 500 万円残せるってなったとする。そうしたら、社員に『うちの会社はグローバル化を目指していて、3 年後に海外進出をしようって戦略を立てている。そのためには来期はどうしても 500 万円の資金を貯めなくてはならない。そこで、来期の売上目標は 1 億 1000 万円にする』って説明したら、社員も納得すると思うんだ。つまり、ビジョンと一緒に数値目標を伝えたら、社員も当事者意識を持ちやすいってこと。それを毎年したほうがいいね

カフェでも、そこまでしたほうがいいのかな

スタッフが増えて来たら、やったほうがいいと思う。スタッフ 5、6 人で和気あいあいとやっているうちは、そこまでしなくていいと思うんだ。でも、10 人ぐらいになったら意識がバラバラになって、懸命に働く人もい

れば、手を抜く人も出てきたりする。スタッフの意識を1つにするために、目標を立てて伝えるのは、経営者として大事な仕事なんだ

そんなキビキビしたことをしている自分が想像できない……

みんなの前に立って、『みなさん、今期は売上100万円アップを目指しましょう！　オー！』みたいなことをする必要はないよ。会社は『お困りごと解決チーム』だって話したでしょ？　チームのメンバーに話す感覚でいいと思うんだ。『売上100万円アップしたら、お客さんに喜ばれるメニューをもっと増やせて、楽しくなりそうな気がしない?』とか

それなら、やりたい

目標やビジョンって、自分もみんなもワクワクするものがいいと思うんだ。ブロックパズルを使うからと言って、数値目標を達成すればいいんでしょ、みたいな、無機質な使い方は、僕としてはあまりしてほしくない。ビジョンや想いがあって、それを達成するためにブロックパズルを使えば、きっとチームの意識が1つにまとまると思うんだ

この章のまとめ

- **起業を目指す人は、ブロックパズルを使って事前に計画を立ててみよう**
- **ブロックパズルを毎月つくれば、キャッシュに強い会社になれる**
- **ブロックパズルはピンチからの脱出や目標達成にも活用できる**

第4章

ブロックパズルを使って部門別に利益を積み上げる

Money and  Accounting

会社の組織図にブロックパズルを当てはめる

◉ブロックパズルは「コミュニケーションツール」になる

あのね、大学の友達がインターンシップに参加するんだって。私は来年からでいいかなって思ってたんだけど、どうなのかなあ

どこでやってみたいとか、あるの?

春休みにアメリカに留学してたじゃない? そのとき、大学の先輩が旅行代理店かなんかのインターンを1か月ぐらいホームステイでやってるって話を聞いて、そういうのもアリなんだって思って。なんかハワイだったら日本人相手の仕事も多いから、日本語でもよさそうだし。ハワイでインターンとかあるのかなとか、今ちょっと考えてて

それはいい考えだね! 向こうは今、時給が高いしね

ホント、そう。アメリカでケンタッキーフライドチキンに行ったときに求人の張り紙があったから時給を見たら、1時間15ドルだったの。今の日本からみて物価が高いとはいえ、1時間15ドルは素晴しいでしょって思って

そうだよね、2000円以上ってことだもんね

ただ、海外だけじゃなく、日本でも短期間でもインターンをやったほうがいい気もしてる

そうだね、海外と日本の両方を経験したほうが選択肢は広がるよね。そのときに、日本の会社の場合だけど、ブロックパズルをつくってみるといいかもしれない。なんなら、その会社の人に『こういうのをつくりま

した』って見せてもいいと思う

人事の人に？　社長以外の人には関係ないんじゃない？

そんなことないよ。ブロックパズルはすべての部署に関係することだから、すべての部署の社員が知っておいたほうがいいツールだよ

そうなの？

なぜなら、ブロックパズルは「コミュニケーションツール」だから

ブロックパズルは、ただの数字のパズルではありません。僕がブロックパズルをコンサルティングやセミナーで勧めてきたのは、会計という分野の枠を超えて、社内のコミュニケーションを活性化するパワフルなツールだからです。

たとえば、経営者がブロックパズルを使って会社の将来像を描いたなら、社員は経営者の考えを理解し、その実現に向けて動き出すことができます。

また、社員はブロックパズルを使って自分の仕事の成果を経営者に伝えることができます。すると、経営者は社員の頑張りを理解し、評価できます。

お金のブロックパズルは、経営者と社員が同じ目標に向かって意識を１つにできる、すぐれた「コミュニケーションツール」なのです。

会計とコミュニケーションって、全然別の話のような気がする

そうだよね。パパも最初からコミュニケーションをとれるってところまでは考えてなかったんだけど、クライアント先の社長と社員がブロックパズルを見ながらワイワイ議論している光景を見て、『これってコミュニケーションツールじゃん』って気づいたんだ

そうなんだ

社長1人で考えていたら、もうこれ以上解決策はないって思うことはよくあるんだけど、社内全員で話し合っているうちに、『これ、まだやってないんじゃない?』とか、見つかるケースはたくさんある。だから、お金の話は全員で共有したほうがいいんだ

でも、ブロックパズルを自分でつくったとして、それをどうやって見せればいいの?　スタッフの立場でうちの会社、ヤバいですよって見せるわけにはいかないと思うんだけど

まあ、そんなことをしたら、たとえ数字は正しくても社長の反感は買うかもね。それに、プレゼンする目的にもよるけどリアルな数字ではなく、売上を100とした場合の一般値で表してもいいんだ。ブロックパズルを使ったコミュニケーションの取り方の一例を紹介しようか。売上は、客数×客単価×リピート数で割り出すことができるって話したよね?　会社にはこの3つの要素のそれぞれをアップするように考えて行動している部署があるんだ

どういうこと?

たとえば、客数を増やすためにどうしたらいいかを考える部署は「営業部」。客単価をアップさせる方法について考える部署は「商品開発部」。リピート数のアップについては「顧客サポート部」「サービス部」などが担当することになる

はあ～、そういうことかあ

さらに言うと、話に何度も出てきた変動費を担当する部署は、主に仕入れをする部、つまり「仕入部」だね。で、人件費や労働分配率を扱うのは「人事部」、家賃や水道光熱費とか、その他の固定費を考える

のは「経理部」

1つひとつのブロックと部署はつながってるんだ、面白いね

★ お金のブロックパズルは会社の「組織図」でもある

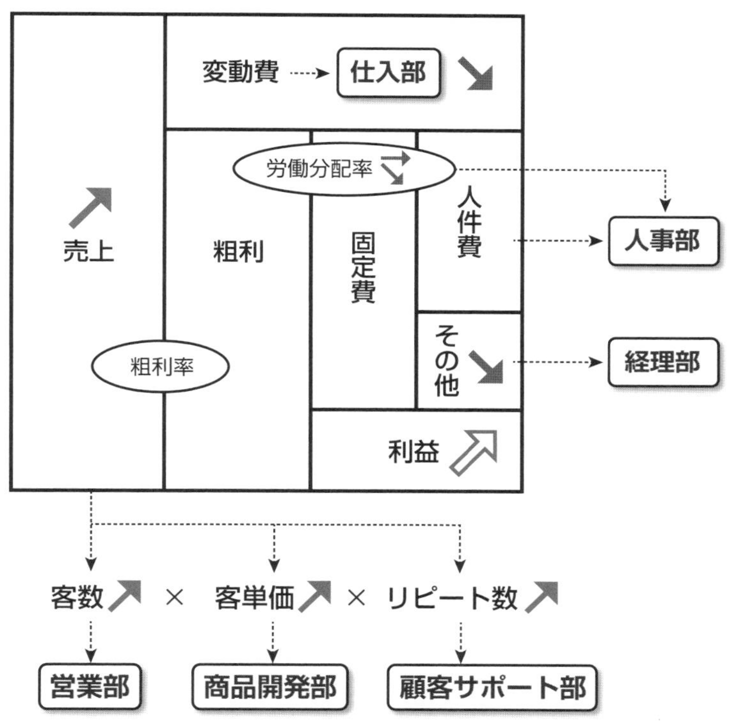

◎それぞれの部署が最大のパフォーマンスを発揮することが、「結果として」利益を生む

皆さんももう気づいていると思いますが、"お金の"ブロックパズルと言いながら、これはそのまま社内の"組織図"になっているのです。

それぞれの部署に属している人が、1つひとつのブロックのお金をつくっています。だから、ブロックパズルをつくれば、どの部署のどの人が何を考え、実行すればいいかはシンプルに決まってきます。

ユキが営業部に配属されたとする。そしたら、ブロックパズルをつくって、『社長、うちの売上は今こうなっています。客数を増やせばこれだけ売上が上がり、利益がこれだけ増えるので、その分の予算をください。そうすれば、もっと広範囲に営業をかけられます』とか交渉するってわけ

なんか、仕事ができる人って感じでカッコいい！

だよね。ただ『予算をもっとください』って言うだけじゃ、『そんなことより、もっと契約を取ってきてよ』とか言われて終わりかもしれない。自分の発言を裏付けするデータとしてブロックパズルを使えば、相手を説得しやすくなるんだ

商品開発部だったら、どうすればいいんだろう

そうだね。たとえば、「今より高価格帯の商品を取り扱って客単価を100円アップすれば売上と利益はこれだけ増えます。なので、こんな商品開発をさせてください」とか

おお〜、すごい説得力ある気がする

そうやってブロックパズルを使って提案できる社員だったら、どこの会社でも重宝されるのは間違いないと思う。だから、就活生はブロックパズルを武器にしてほしいぐらい。社会人も今からでも学んで、自分に付加価値をつけてほしいなって思う

１つ実例を紹介します。

キャッシュフローコーチとして企業内で活躍する総務部長が、営業・開発・経理などすべての部署に向けて横展開でブロックパズルの研修を行いました。しかも、社長や幹部クラス、工場のリーダークラス、そして新入社員に縦軸でも行い、上からと下からのサンドイッチでブロックパズルの研修を行いました。

その結果、自社商品の値上げに対する全社的な理解が深まり、納得感

のある値上げが実現。1年後に1億円の利益アップを実現すると共に、その研修が足掛かりとなり、その会社は数年後に上場を果たしました。

会社の利益をまったく意識せずに働く社員と、それを視野に入れながら働く社員では、利益への貢献度はまったく違ってきます。結果として、会社も社員も報われたケースとなりました。

◉10%の売上アップでボーナスが2倍になる!?

さて、反対に社長の立場だったら、ブロックパズルをどう使って社員とのコミュニケーションを取ればいいのでしょうか？

 ここで、クイズに挑戦してもらおうかな

 もうずっとクイズをしてるようなもんだよ……

 そうだね（笑）。簡単な問題だよ。ある会社で、前年度より売上を10%アップするという目標を立てたとします。実際に目標を達成して、売上が10%アップしたとしたら、人件費と利益はそれぞれ何%アップするでしょうか？

 ……(無言)

 フリーズしてる?

 頭が……真っ白に……

 うん、ざっくりでいいから、脱★完璧主義でね。売上が10%アップして、労働分配率50%を維持する。ってことは、売上がアップした分、人件費も増えるってことは何となくわかるかな? 『ちょっと増えそう』だけだと心もとないから、実際に計算してみようか

まず前年度の数字を見てみましょう。

売上100万円で粗利率80%なので、粗利は80万円。

固定費70万円の内訳は人件費が40万円。人件費を差し引いた30万円が家賃とか水道光熱費などその他の固定費です。粗利から固定費を差し引くと利益は10万円です。

労働分配率は粗利80万円のうち、人件費40万円なので50%。この場合、40 ÷ 80 × 100 = 50%となります(次ページの上の図参照)。

★前年度のブロックパズル

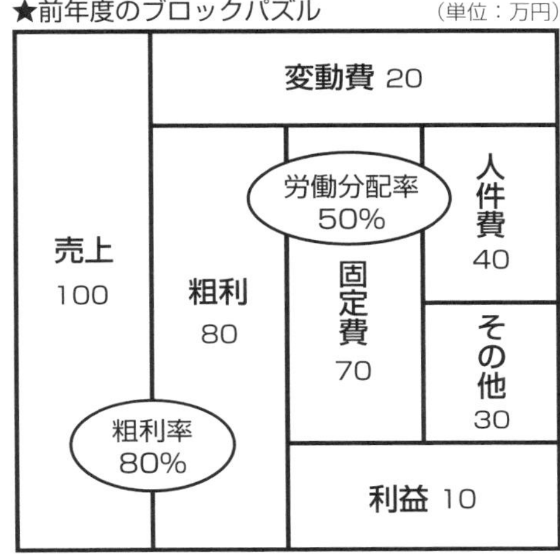

ここまではわかる?

うん、なんとか。電卓を使ってもいい?

もちろん! 次に今年度ね。売上 100 万円を 10% アップすると?

それならわかる。110 万円

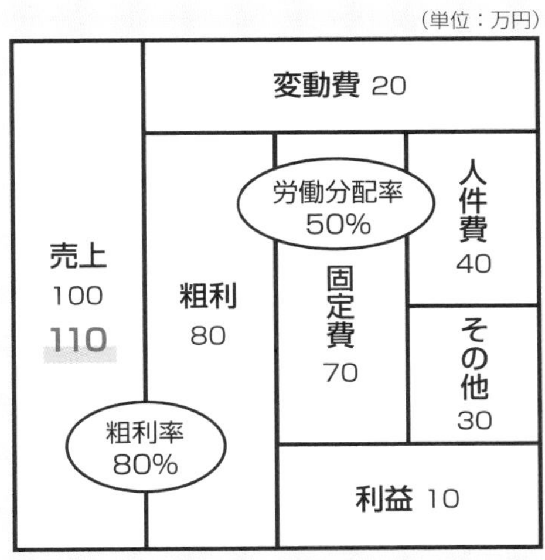

そうそう。で、粗利率は 80% のままってことになったら、粗利は?

えーと、110 × 0.8 は……88 万円！

（単位：万円）
変動費 20 22
労働分配率 50%
人件費 40
売上 100 110
粗利 80 88
固定費 70
その他 30
粗利率 80%
利益 10

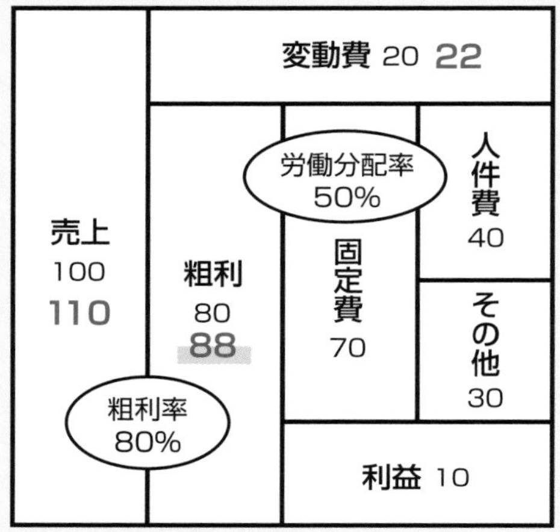

正解！　で、労働分配率が 50% だとすると？

半分だから 44 万円

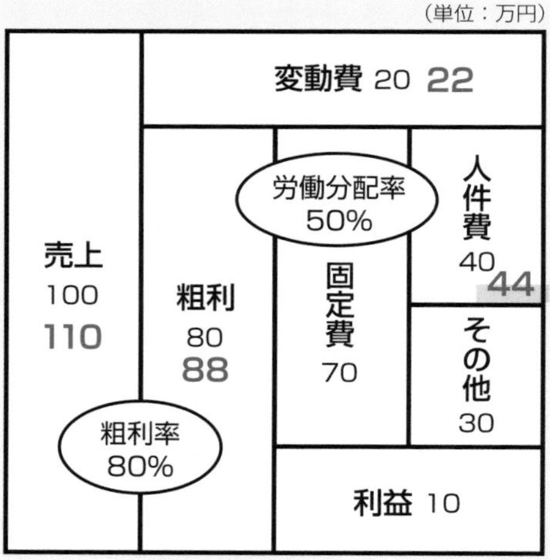

（単位：万円）
変動費 20 22
労働分配率 50%
人件費 40 44
売上 100 110
粗利 80 88
固定費 70
その他 30
粗利率 80%
利益 10

そう、それが人件費になる。前年度の 40 万円が 44 万円に増えたってことは、44 万を 40 万で割ると 1.1。つまり、人件費は 10% アップしたってことになる。その他の固定費は変わらないから 30 万円のまま。人件費

とその他の固定費を足し算すると固定費は 74 万円

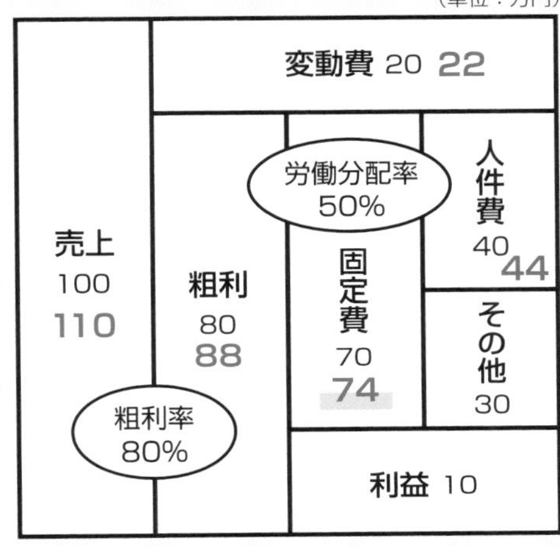

利益はいくらになる？

粗利 88 万円から固定費 74 万円を引くから、14 万円

その通り。利益は前年度の 10 万円から 14 万円に増える。14 万÷ 10 万は 1.4。1.4 倍だから、40% アップだね

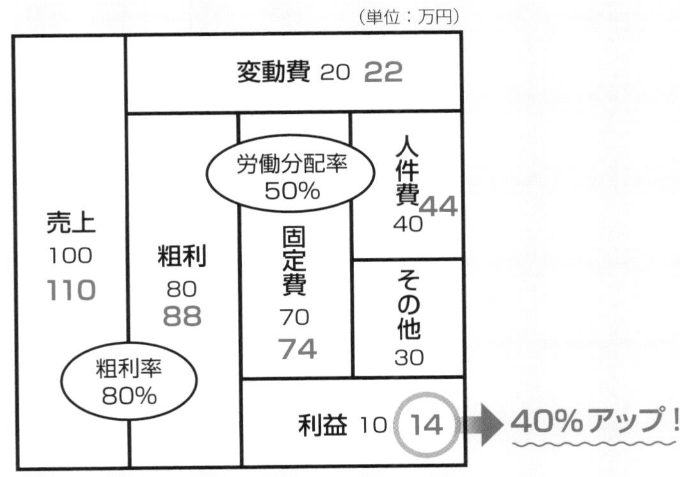

4万円しか増えてないのに40%アップって、すごい増えた感じがする。ブロックパズルマジックだね

前も話したけど、売上100万円の会社でさらに100万円を稼ごう（＝売上を2倍にしよう）って言われたら『そんなのムリ』って思うけど、売上を10%アップするだけで利益は40%上がるってわかったら、それぐらいなら頑張って稼ごうって思えない？

思える。それならできる気がする

実は、これをもう少し意味のある表現にできます。

社員のボーナスも人件費です。仮に人件費のだいたい10%が社員のボーナス原資だとしましょう。そうすると、『売上が10%増えて、人件費が10%増えた』としたら、この会社では『社員のボーナス原資が2倍に増えた』ということです。

ボーナス原資が2倍ですから、たとえば夏と冬以外に、春と秋もボーナスを出すこともできます。ボーナスが年4回になったら社員は嬉しいはずです。

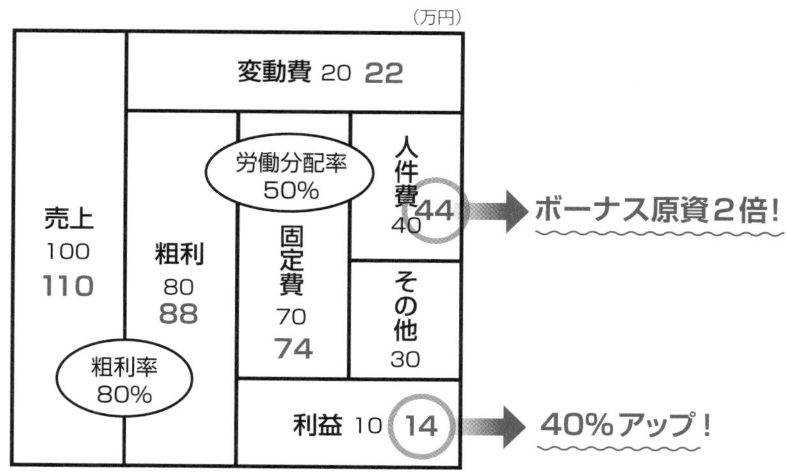

もちろん、増えた人件費を全部社員のボーナスに当てられるかどうかは別の問題ですが、それぐらいの余力ができるという意味です。

今年は、10%アップという売上目標を達成したい。それを達成したら利益が1.4倍になって、将来のビジョンに向けての備えがより手厚くできる。それでみんなのボーナス原資も2倍に増やすことができる。決して簡単ではないけど、皆さんだったら力を合わせてできると思う。一緒にやりませんか？ って社長に言われたら、どう思う？

ボーナス増えるんだったら頑張るぞーって思う！

ここで、売上10%アップをさらに分解してみます。

売上は、前述したように客数×客単価×リピート数で割り出すことができます。客数が対前年比103%、客単価も103%、リピート数が104%だとします。これで、売上は前年比110%になります。

つまり、1つの部署で10%を上げる必要はなく、**営業部は3%アップ、商品開発部も3%アップ、顧客サポート部は4%アップを目指せばいい**ということです。

やみくもに目標を高く設定したら社員のモチベーションは落ちますが、背伸びすれば届くぐらいの目標なら、達成するために社員は奮闘してくれるでしょう。

『お困りごと解決チーム』って、こうやってつくっていくものだと思うんだ。どこかの部署だけが頑張って会社を支えるんじゃなくて、全員で力を合わせれば、1人ひとりの力はわずかでも、集まればすごい力になる。それがブロックパズルでわかるんじゃないかな

今の話を聞いていたら、ブロックパズルの見方がガラッと変わる気がする

Money and  Accounting

部門別の「生産性」の上げ方を知っておこう

◉人件費の枠を広げる働き方で社員がイキイキ!

生産性って言葉、ユキもよく聞くんじゃない?

うん。日本人の生産性は低いって、アントレプレナー(起業家)の養成講座でも講師の人が言ってたよ

じゃあ、生産性って何のことかわかる?

うーん。今以上に一生懸命働くってことかなあ

ちなみに、デジタル大辞泉で調べてみると、『生産過程に投入される生産要素が生産物の産出に貢献する程度』って意味になってる

ぜんっぜんわかんない!! わかりやすく訳して〜

お、学研キッズネットだと『どれだけ能率よく生産されるかということ』だって

それならわかる

つまり、100の力で働いて100のものしか生み出せないって場合より、80の力で100のものを生み出すほうがいいってことだね。日本の会社って残業が多いじゃない? 残業しないとこなせない仕事を、定時できっちり終わらせるようにするのが生産性を上げるってことになる

それって、さっき私が言ったように、今まで以上に頑張って働かないといけなくない?

確かに、そうだね。ただ、8時間ずーっと集中して働いている人って、

そんなに多くないと思うんだ。日本の会社はムダに会議が長いと言われるけど、ずっと集中して聞いてる人はそんなに多くないだろうし。2時間の会議を1時間にして、浮いた時間を別の作業にあてたほうが、効率いいよね。そうやって生産性って向上させていくものなんだ

生産性の定義はいくつかの表現ができますが、本書では、生産性を次のように定義しています。

$$\text{生産性} = \frac{\text{成果（アウトプット）}}{\text{投入（インプット）}} = \frac{\text{粗利}}{\text{人件費}}$$

この分子と分母を入れ替えたのが、労働分配率です。

つまり、**労働分配率を下げることと生産性を上げることは、実は同じことの裏表**です。

労働分配率は人件費を考えるときに大事な指標です。前述したように、これは粗利に対して人件費が何％を占めているかという比率です。

ここまで、会社の利益を増やすためにリストラや給料をカットするなどして人件費を減らすと、社員のモチベーションが下がるとお話ししてきました。また、先ほどのクイズで「売上が10％増えれば利益を40％増やしながら人件費を10％増やせる場合がある」こともわかったと思います。それらをあわせて考えたとき、人件費と会社の利益の両方を増やす方法の最適解は、**「労働分配率をキープ、または下げながら、粗利を増やす」**ことだと言えます。

粗利に占める人件費の割合を下げ、なおかつ人件費を減らさない（あるいは、増やす）ためには、粗利を増やすのが、関係者全員がハッピーになる方法ということになります。

なんか、わかるようなわからないような……

まあね。人件費を上げたいのか下げたいのかどっちなんだ！　ってなるよね。一言で言えば、粗利を増やせば会社も社員もみんなハッピーになれるってこと

たとえば、利益を10万円以上確保したい会社で、労働分配率50%で、人件費40万円のとき粗利が80万円だとします。

この会社が、人件費44万円に10%アップしたい場合、労働分配率45%に5ポイント減らす働き方ができた（＝生産性アップできた）なら、粗利は98万円（22.5%アップ）になり、利益はなんと24万円（240%にアップ）となります。

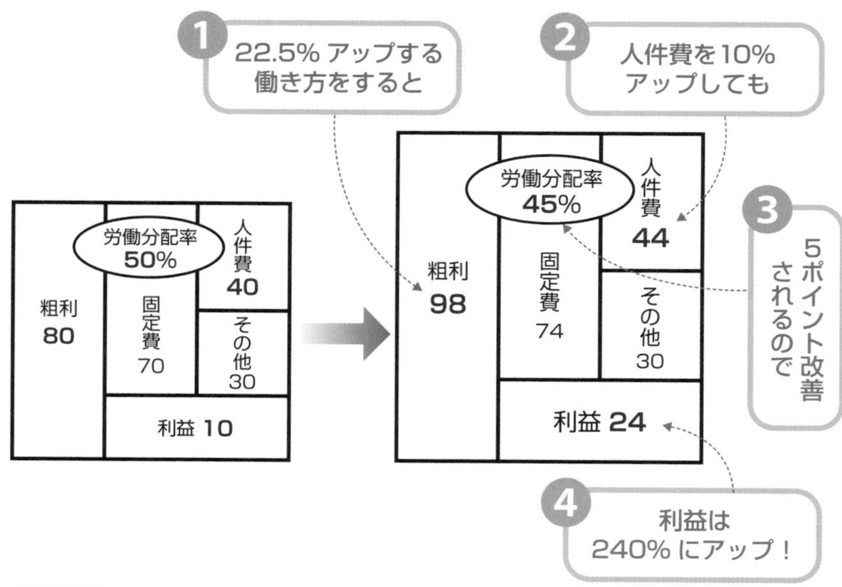

たとえば、粗利を22.5% アップする働き方ができれば、人件費を10% アップしても、労働分配率は45% に5ポイント減る（＝生産性アップ）ので、利益はなんと240% にアップする！

つまり、今の人数で粗利を増やす働き方ができれば、人件費を増やしても労働分配率は下がり、利益も増やせるということです。これなら、社員の給料を減らすどころか増額して、同時に会社の利益をひねり出すことができます。

それでは、粗利を増やすために必要なことは何でしょうか？

さっき、売上を上げられる部署について話したでしょ？

うん。営業部とか、商品開発部とか

そうそう。変動費を担当する部署は、仕入部だったよね。営業部や商品開発部、仕入部の社員が各自の役割を発揮して売上を上げたり、変動費を下げるために頑張ってくれたら、粗利は増やせる。それがチーム全体で生産性を上げるってことになるんだね

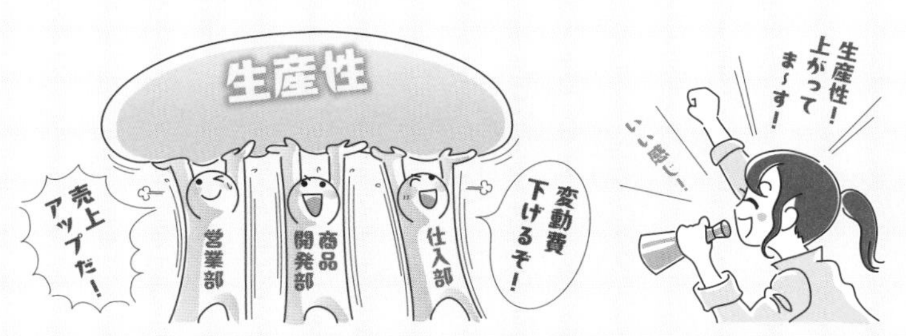

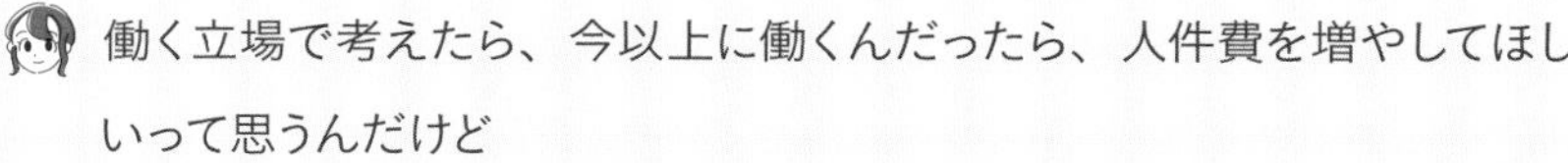

◉給料アップにつながる当事者意識の持ち方

働く立場で考えたら、今以上に働くんだったら、人件費を増やしてほしいって思うんだけど

そうだよね。自分の手取りを増やしたいなら給料を上げるしかないし、そのためには会社の粗利を上げる必要があるって話になる。つまり、『頑張って働いたら給料が上がる』ってことは、『頑張って働いて会社の粗利

が上がったら給料やボーナスに還元される』ってことになるね

もしかして、たくさん働いても粗利が上がらなかったら、お給料は上がらないってこと？

そう考えられるね

え〜、そんなの超ショックだよ

だから、そうならないように、やみくもに頑張るんじゃなくて、適切な頑張り方が大事なんだ

ここで、それぞれの部署で何をしたらいいのか、改めてお話しします。

まず、売上を増やすには営業部、商品開発部、顧客サポート部に頑張ってもらう必要があります。

会社の中での「営業部」の使命は売上を増やすことですが、中でも**客数を増やすことに重点が置かれます**。新規の顧客を開拓したり、新しい商品のプロモーションは営業部の仕事です。顧客数が多くなれば、当然、売上は増えるので利益に直結します。

「商品開発部」では、**どうやって客単価を上げるか**を中心にディスカッションします。

どんな商品が売れるか、どんな商品構成にすればより多く買ってもらえるか、コンセプトづくりから商品を形にするまでを考える重要な部署です。商品が良ければ営業部は比較的楽に売れますし、商品開発部は営業に売ってもらえるから売上に結びつけられる。商品開発部と営業部は持ちつ持たれつの関係です。

「顧客サポート部（カスタマーサービス部）」では、年間５回買ってくれる人に年間10回買ってもらうにはどうしたらいいか、あるいはどう

したら離脱する顧客を減らせるかを考えます。商品の種類にもよりますが、**継続的に売上を確保するには顧客にリピートしてもらう**ことが不可欠です。顧客に商品を気に入ってもらうのは当然ですが、会社のファンになってもらうことも大事です。

一方、変動費を扱う「仕入部」では、**どうしたら材料のロスを減らせるか、どうしたら仕入れの金額をより安くできるか**を検討します。変動費が下がれば、それだけでも粗利が増えるからです。

固定費の中でも人件費を扱うのは「人事部」です。人事部は会社の利益とは直接関係がないと思われがちですが、そんなことはありません。生産性を上げるために社員を教育することや適材適所で人事異動を行い、適切な教育を提供するのは人事部の仕事です。**配属の最適化や社員教育で売上が上がったなら、それは人事部の貢献**だと考えられます。

「経理部」にも利益を生む働き方があります。たとえば、予約の方法を工夫して出張のときに営業マンが泊まるホテル代を安くできないかとか、交通費を抑えるために各部署にリモートワークやオンラインの商談を増やしてもらうとか、会社の携帯電話を安くできるプランはないかと1つひとつ検討をしていけば、**その他の固定費を減らす**ことができます。

そうやって1つひとつの部署が汗をかいた結果が粗利や利益のアップにつながります。

なお、会社には総務部など直接的に数字と結びつかない部署もありますし、営業部でもアシスタントのように直接的に売上に関わらない人もいます。その分は、稼ぐ立場にいる部署や人が、そこを代替して稼ぐことが必要です。なぜなら、**数字に結びつかない部署や人は、汗をかいた人の役割の一部を間接的に代替してくれている**のですから。

つまり、自分では何もしていないのに、ただ給料が上がらないかな、と思っていても、何も変わらないってことだね。自分の今働いている会社の経営が厳しいんだったら、ブロックパズルをつくって、『みんなで何をすればいいか考えませんか?』って呼びかけたら、事態が変わるかもしれない。みんなが1つひとつの仕事を見直すことで、当事者意識を持てるし、みんなで会社を立て直せると思うんだ

どこの会社でも、入社したらブロックパズルを教えればいいのに

お～、そうなったら、みんなが採算意識を持てるから、粗利や利益は面白いぐらいに上がるだろうね

この章のまとめ

- **ブロックパズルは、社長と社員が会話する「コミュニケーションツール」になる**
- **ブロックパズルを会社の組織図に当てはめて、部門別に利益を積み上げよう**
- **ブロックパズルを使えば、社員の給料と会社の利益を同時にアップさせることができる**

第5章

値上げを実現するにもブロックパズルは使える

Money and  Accounting

「付加価値」をつくれば値上げはできる

◉ 値上げのメカニズムをブロックパズルで表すと?

ブロックパズルを使いこなせるようになると、ニュースで報道していることもブロックパズルで表せるようになるよ。たとえば、今、毎日のようにテレビで『あの商品が値上がりした』って騒いでいるでしょ?

うん。ママも、卵が高くなりすぎて買うのをためらうって言ってた。スタバも値上げしたし。自動販売機のジュースとかお茶も高くなったよね。この間、ポカリスエットが170円もしてたから、さすがに買えなかったよ

そうそう、電気代も高くなってきたから、こまめに消さないといけないし。で、この物価高で過去最高益って言ってる会社も結構あるんだ。過去最高益っていうのは、今までで一番利益が多かったってこと。それで給料アップしてる会社もあるんだけど。それをブロックパズルで表すとこうなるんだ(次ページ参照)

多くの企業が物価高によって過去最高益になった背景には、当然ながら商品の値上げがあります。

物価が上がると仕入れの値段が上がるので変動費がアップします。それ以外にも、その他の固定費に入っている水道光熱費や消耗品も上がっていきます。

そのまま何も対策を取らないと、言うまでもなく粗利は下がります。それを防ぐために、この会社は商品を値上げしたのでしょう。

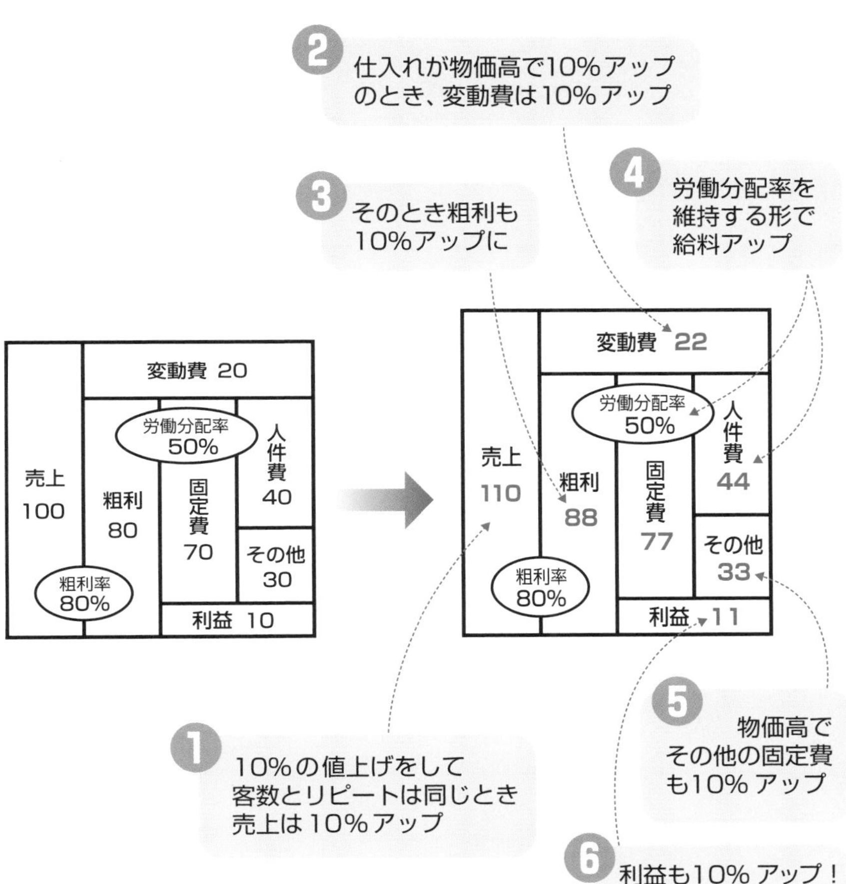

この会社は**値上げをしても顧客が離れていかない商品力がある**ので、売上は増え、変動費が増えてもそれをカバーできるぐらいに粗利も増えました。その他の固定費が増えても粗利が増えたので、それに伴って社員の給料をアップできます。

社員は給料が増えて嬉しい。会社は変動費が上がっても、それを吸収するほどの粗利をつくっているので嬉しい。給料アップで社員がさらにモチベーションを上げて生産性が高まったらますます利益がアップするので、会社にとってはいいことづくめです。

それって、もともといい商品を売っていたから値上げできるってこと？

そういうことだね。飲食店で値上げして、客単価は上がったけど、実は客数が減ったため、売上がそれほど増えなかったり、逆に減ったっていう話もあるみたいだし。それはつまり、『そこまでお金を出して食べるほどの料理じゃないでしょ？』って多くのお客さんに思われてるってことだからね。それでも来てくれているお客さんも、同じ価格でもっとおいしいレストランを見つけたら、そっちに行くかもしれない。だから、商品力って大事なんだよ

値上げに成功した会社の社員は、お給料が上がったから、高いものでも買えるかもしれないけど、そうじゃない会社の人は、買えないんじゃない？

そうなんだよ。今日本で起きているもう１つのことは、物価高でも商品の値上げをできず、最悪の場合、倒産ってなるケース。それをさっきとの対比でブロックパズルで表すとこうなる（次ページ参照）

まず、物価が上がると変動費もその他の固定費も上がります。そこまでは、値上げに成功した会社と同じ。

この会社の場合、売上の要素の１つである単価を上げないので、売上は据え置きとなります。そうすると粗利は下がり、社員の給料も増やすことはできず、利益も下がるというマイナススパイラルに陥っていきます。

本当は値上げをしたくても思いきったことができず、打つ手を探して右往左往しているうちに赤字が３年続いて、銀行には「もう貸せません」と突っぱねられてしまう。そうなると、倒産するしかない状況に追い込まれます。

2 仕入れが物価高で10%アップのとき、変動費は10%アップ

3 そのとき粗利は減り、

4 給料据え置きでも労働分配率は上昇

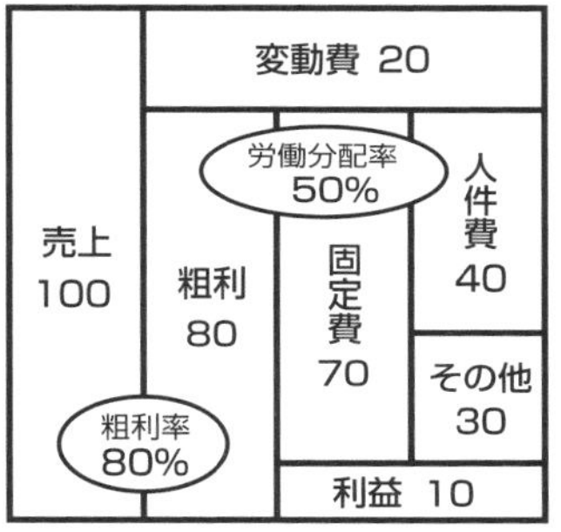

変動費 22
労働分配率 51.3%
人件費 40
売上 100
粗利 78
固定費 73
その他 33
粗利率 78%
利益 5

1 物価高に対応できず売上は現場維持

5 物価高でその他の固定費が10%アップ

6 利益はなんと半減!!

※7 もし、ここで人件費も10%アップしたら……
利益は1（90%減）になる！

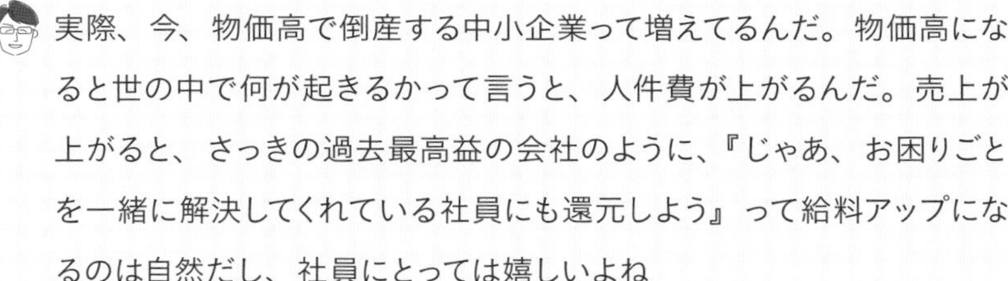

実際、今、物価高で倒産する中小企業って増えてるんだ。物価高になると世の中で何が起きるかって言うと、人件費が上がるんだ。売上が上がると、さっきの過去最高益の会社のように、『じゃあ、お困りごとを一緒に解決してくれている社員にも還元しよう』って給料アップになるのは自然だし、社員にとっては嬉しいよね

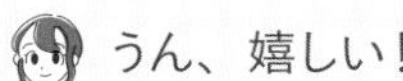

うん、嬉しい！

社員にとったらそうなんだけど、経営者にとってはそうとも限らない。たとえば、ユキが働いているお店の近くで、もっと時給がよくて、仕事量は今と同じか、今より少ないカフェができたら、どうする？

んー、新しいカフェで働くかも

そうなるよね。それで、みんな時給がいいところに殺到する。そうなったら、人手不足になる。じゃあ、時給を上げようってなっても、その新しいカフェ以上の時給にしないと人は来ないでしょ？　中小企業にとって、それは簡単ではないんだ。なぜなら、新しい人だけじゃなく、今働いている人の時給も全部上げないといけないから。そしたら、人件費のブロックがいきなり大きくなるわけだね

人件費のブロックが大きくなるのはいいことなんじゃないの？

いいことなんだけど、それは他のブロックとのバランスにもよる。カフェだったら材料費も物価高で上がっているから、変動費のブロックも大きくなる。電気代が上がってるから、その他の固定費のブロックも大きくなる。って、全部のブロックが一気に大きくなったら、耐えられなくなるんだ

それなら、値上げするしかないよね

それが簡単にできる会社と、できない会社がある。食料品とか水道光熱費は必需品だから、値上げしてもみんな払うしかないんだけど、カフェはどうしても行かなきゃいけない場所でもないでしょ？

うん、確かに……

食費が上がって大変だから、カフェに行くのは控えようってなる。それなのに値上げをしたら、ますますみんな行かなくなる。世の中の人全員の給料が上がって余裕が生まれたら、食費が高くてもカフェにも行こうってなるかもしれないけど、そうなるまでタイムラグがあるから、物価高で過去最高益になる会社もあれば、倒産する会社もあるんだね

◉ そもそも値段はどうやって決められるのか

経営を考え始めた人が、実際にビジネスを始めたらいずれ必要になる

のが値段の決め方のノウハウです。どんな業界でも、**どんなサービスや商品でも、値段の決め方がビジネスの成否を左右します**。

値段の決め方には、同業他社やその地域の平均的な金額を参考にしたり、材料費や配送費、梱包材代など、商品をつくるのにかかった費用の合計を計算して、利益が出る金額を導き出す方法もあります。あるいは「この商品を売ってどれぐらいの利益がほしいのか」を基準に考えてもいいでしょう。

どんな業界でも、粗利率を高くできるように知恵を絞って工夫する余地はあると、僕は思います。

たとえば、小売業でも粗利率を高く取れる可能性はあります。

日本の場合、たとえば7割で製品を仕入れて、3割だけ粗利を乗せる、つまり7000円で仕入れた雑貨を3000円上乗せして1万円で売るようなケースは多いと思います。

輸出入ビジネスをしている知人のコンサルタントによると、これがヨーロッパだと、仕入れが3000円で粗利が7000円のように、小売業が高い粗利を乗せてビジネスをしているのが一般的だそうです。

なので、安く仕入れた材料でバッグなどをつくり、高く売ることに対して抵抗感はないと聞きます。有名なブランドも、販売価格に比べると

原価自体はかなり低いケースが多いかもしれません。もっとも、その代わりに広告宣伝費など別のコストがかかっていますが……。

一方、日本の製品やサービスは安く提供しすぎです。高品質、高サービスなので、もっと堂々と高い料金を設定すればいいのに、モノやサービスに対しての付加価値を認めないような文化があります。

外国人観光客が100円ショップで爆買いするのは、海外より質が高い商品を、100円という信じられない価格で売っているからです。

なので、**付加価値をしっかりつけて売れば、小売業でも粗利率は高くなります**。

どんな業種でもやり方次第で粗利率は高くできるので、諦めずにチャレンジをしていただきたいと思います。

ちなみに、粗利率を高めるには、次の３つの工夫が重要です。

1）価値を上げる工夫。これは日本企業が得意な分野です。

2）価値を伝える工夫。これは日本企業は不得意です。すべてを語らない、奥ゆかしい文化の影響でしょうか。

3）価値を届ける工夫。郵送で届けていたサービスをオンラインで届けられれば変動費が減り、粗利率が高まることもあります。

Money and Accounting

値上げの際は「何と比較されるのか」をマネジメントしよう

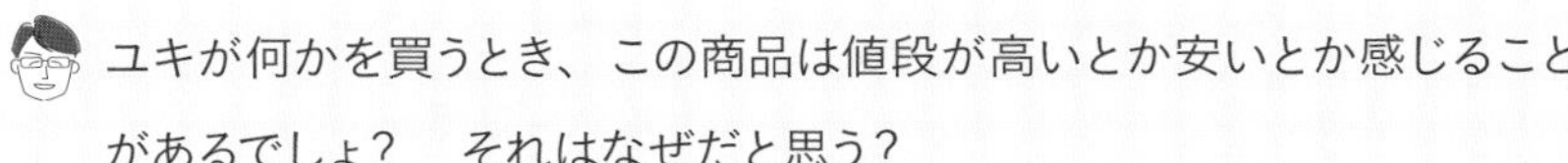

◉人はどうやって「高い・安い」を決めているのか

ユキが何かを買うとき、この商品は値段が高いとか安いとか感じることがあるでしょ？　それはなぜだと思う？

それに興味があるかないかかなあ

おっ、鋭い意見。確かに、自分が欲しいものだったら、他の人から見たら高くても、自分にとっては安く感じることがあるからね。逆に、自分が興味ないものだったら、高く感じたりする。そんな感じで、値段はもともと相対的なもので、絶対的なものではないんだよね。人が高い、安いって感じるのは無意識のうちに何かと比較しているから

では、私たちは値段の高い、安いを決めるとき、何と比べているのでしょうか。5つあります。

★ 人は「高い」「安い」を何と比べているのか

① 世の中の相場観
② 自社の過去の価格
③ 買い手の価値観との相性
④ まったく違う分野の価格
⑤ コストパフォーマンス

①世の中の相場観

相場とは市場での需要と供給によって決まります。たとえば、コーヒー1杯300円前後が一般的だと多くの人が考えているなら、これがいわゆる相場観で、それと比較して高い、安いを決めています。

②自社の過去の価格

今まで2万円で売っていたのに、急に倍の4万円にすると「えーっ、高っ！」と言われます。過去の価格が比較対象になっているからです。

③買い手の価値観との相性

モノやサービスの値段が「高い」あるいは「安い」という感覚は、それが価値を感じる対象かどうかによって変わります。

たとえば、ボールペンは100円ショップでも買えますが、百貨店できれいに包装して売られていたら1万円でも買う人がいます。好きなブランドのロゴが入っているだけでTシャツに何万円も払うとか、推しのアイドルグッズならなんでも買いたいのも、それだけのお金を支払う価値があると感じるからです。

④まったく違う分野の価格

「りんご1日1個で医者いらず」という言葉があります。

これはりんごがどれだけ健康にいいのかを表すために医者を引き合いに出しているのですが、普通なら果物や野菜で比較しようと考えるでしょう。りんごと人間を比較しようと最初に考えた人は、目の付けどころが優れていたのだと思います。

このように、まったく違う分野のものと比較することで特別感を感じたら、高くてもお金を出そうという気になります。

⑤コストパフォーマンス

これは費用対効果と言ってもいいでしょう。投資額に対してどれほどのリターンが得られるかが、高い、安いという判断軸になります。

①〜②の要素は基本的に売り手がコントロールできません。売り手にはどうにもできないところに比較対象が置かれているからです。

反対に、④、⑤番目は売り手の努力によって値段が妥当だと示せます。自分もお客様も納得する値段で買ってもらえるということです。

③はその中間で、顧客を教育して価値に気づいてもらえたら、買ってもらえる可能性があります。

パパが起業して経営コンサルタントになったばかりのとき、コンサル料を月額15万円にしたいって決めたんだ。ただ、コンサルと比較される税理士の報酬が月3万〜5万円、社会保険労務士だったら月2万〜3万円が当時の相場だったから、月15万円は破格のコンサル料金になる。コンサル経験の浅い若者が『月15万円で経営のアドバイスをします』っていったところで、社長にまともに相手にしてもらえると思う?

それはムリかも

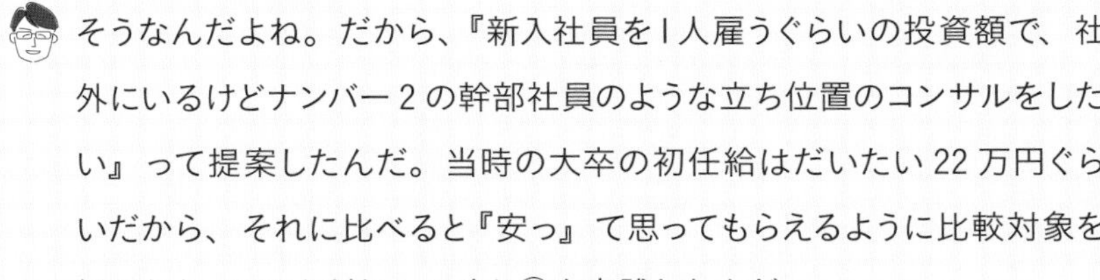
そうなんだよね。だから、『新入社員を1人雇うぐらいの投資額で、社外にいるけどナンバー2の幹部社員のような立ち位置のコンサルをしたい』って提案したんだ。当時の大卒の初任給はだいたい22万円ぐらいだから、それに比べると『安っ』て思ってもらえるように比較対象を提示したってことだね。つまり④を実践したんだ

それで契約は取れたの?

うん。1か月で4社の契約がとれて、翌年以降で2倍、3倍と増えて、それ以上は一人では請けきれないって状況になった

パパ、すごい!

それが成功したのは、価格の設定がうまくいったのと、比較する対象を

★ 比べる相手でイメージが変わる

税理士や社労士じゃなく、『新入社員』にしたところが大きかったと思う。もちろん、実態が伴っていることが大前提で、期待に応えられる努力は惜しまなかったよ。だから、価格を決めるときは『何と比較したら自社の商品を高く評価してもらえるか』を考えたほうがいいんだ

じゃあ、他のカフェと比べてコーヒーがおいしいとか、トーストがふかふかとかじゃ、選んでもらいづらいのかな

おいしいっていう基準は人によって違うからね。カフェ＝癒されるって考えたら、比較する対象が広がるんじゃない？　森にいるより癒されるとか、マッサージより疲れが取れるとか

森より癒されるカフェかあ。お店の中に植物をたくさん置くとか、いいな。鳥のさえずりも流れてたりして。アロマで森の香りもして。なんか、私も癒されて眠くなっちゃいそう

お店に入って店員が眠ってたらビックリするけどね（笑）。でも、そうやって考えてたら、お店のコンセプトがかたまってくるかもね。何と比較するかを考えることは、自分がこうありたいって軸が定まることでもあるから

Money and 3 Accounting

「値上げの壁」の乗り越え方

◎経営者が値上げを恐れる7つの理由

★ 経営者が値上げを恐れる7つの理由

① 自己評価が低いから
② 相場観に縛られているから
③ 客離れが不安だから
④ 値上げによって、どれだけ収支が改善するか気づいていないから
⑤ 値上げする理由を顧客に説明できないから
⑥ 値上げしたことによる過剰な期待が怖いから
⑦ 勇気を出せないから

会社がある程度軌道に乗ったら、値上げをするかどうかっていう壁が現れるんだ。会社に限らず、病院でも、僕らのようなコンサルや士業でも、ユキのようなカフェでも、いつか料金を見直す時期が来ると思ったほうがいい

たまに、値上げしないってことをウリにしてるレストランとかスーパーとかあるよね

赤字覚悟で提供します、とかね。実際には、一部の商品だけ赤字でも、他の商品でカバーできるとかじゃないかなって思う。でないと、採算度外視した経営って長続きしないからね

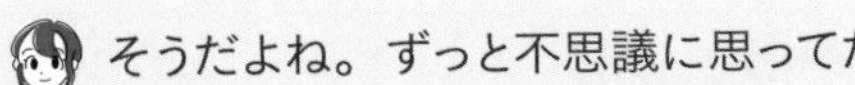

そうだよね。ずっと不思議に思ってた

あるいは、家族だけでミニマムに経営していて、人を雇わないから、自分たちが我慢すればなんとかやっていけるケースもある

あ〜、無理してやってるんだ

パパが今までいろんな会社でコンサルをしてきて、値上げを勧めたときにクライアントから言われたり、同業者から相談された経験から、経営者が値上げを恐れる理由は主に7つあるって考えてる

①自己評価が低いから

「自分はこんなに多くの料金をもらえません」のように考えてしまう人は、一定数います。

自己評価（セルフイメージ）が低い人は、自社の製品やサービスの価値を低く見てしまいます。安売りでしか勝負ができないと考えてしまうので値上げができません。

②相場観に縛られているから

これは、税理士や会計士など士業の方によくあります。

月額3万〜5万円が一般の相場だとしたら、10万円にすると批判されそうな気がするから値上げできない。

歯科医院でも、「インプラントの値段が近所のクリニックでは大体35万円なのに」「45万円にしたら患者さんから高すぎると敬遠されそうな気がする、同業者からも苦言を呈されそうな気がする」という理由でためらうケースがあります。これらは相場観に縛られて、批判されるのが怖いのが原因です。

③客離れが不安だから

値上げをした瞬間、顧客がみんな離れていくんじゃないかという不安があって値上げに踏み切れない。これがもっとも多い値上げできない理由でしょう。

「さすがに全員が離れることはなくても、半分以上のお客さんが離れちゃうんじゃないか？」と思うと値上げをためらってしまいます。

元々の信頼関係がきちんと構築されていて満足度が高ければ、値上げしても実際には離れる人は１割もいなくて、ほとんどの人が残ってくれるものです。

④値上げによって、どれだけ収支が改善するか気づいていないから

値上げによって売上が増えて、粗利も増え、社員の給料も上がるというシミュレーションをしていないから値上げできないのでしょう。値上

げをためらってしまうがゆえにスタッフに還元できない、設備投資ができないなどのデメリットのほうが大きくなることもあります。

⑤値上げする理由を顧客に説明できないから

値上げをすると決めたとして、顧客に「なぜ値上げするんですか？」と聞かれても納得してもらえる説明ができないから値上げを断念するケースです。

理由をうまく説明できない

えっ、そんな人いるの!?

うん、これはお客さんとの距離感が近い職業に多いかな。スーパーだったら、『値上げします』で済むしね。たとえば、パパのような経営コンサルタントが、今まで月15万円の報酬をもらっていたけれど、20万円にアップしたいと思っていたとする。本当は、実績を築けて技術や知識の量などが上がってきたら、料金を上げていくのは自然なことなんだ。でも、新規の顧客には高い料金を設定できても、今まで取引のあった顧客に『5万円アップしたい』とは、なかなか言いづらいんだよね

それはわかる気がする。たまに、美容師の卵の人が、経験を積むために安く髪を切らせてほしいとか、あるじゃない？　今まで3000円で切ってもらってたのが、急に6000円ですってなったら、なんか納得できなさそう

そうなんだよね。でも、僕らのようなコンサルや美容師のような「手に職」系は、新人のころとベテランになってからでは、料金を変えたいものなんだよ。そうしないと、やっていけないしね。でも、『自分の給料を増やしたいからです』とは、さすがに言えない。だから値上げしたくてもできなくて悩んでいる人は、結構いるんだよ

今までのお客さんには、そのままの料金でやっていくしかないのかな

ただ、それだと、新しいお客さんが何かの拍子に他のお客さんには安く提供してるって知ったら、どうなると思う？

あっ、そっか。自分も安くやってよってなるよね

そういうこと。それどころか、『自分だけ料金を高くされてるんじゃ？』って不信感を抱かれるかもしれないし。だから、言いづらくても、今までのお客さんも値上げしたほうがいい。『目に見えないところでこんなコストがかかっているから』とか、『これからサービスのクオリティをさらに上げるため』とか、相手が納得できる理由を説明したら、けっこう受け入れてもらえるものなんだよ

⑥値上げしたことによる過剰な期待が怖いから

値上げをすると宣言すると、お客様の期待値が上がります。期待に応えるだけのクオリティの商品やサービスを提供できるか不安になり、値上げに踏み切れない場合があります。

えっ、ホントに？　こんな理由でためらっちゃうものなの？

たとえ原材料が上がったからっていう理由であっても、お客さんにとっては関係ないじゃない？　お客さんとしては、今までより高くなったら、品質やサービスもそれなりに高くなってないと納得できないって思うのは自然なことだし

そっか。お店側は今までと同じサービスを今の料金ではやっていけないから値上げしただけなのに、それ以上のサービスを求められちゃったら、どうしようってなるんだ

そういうこと。お客さんの期待に応えるのって、大変なんだよ

⑦勇気を出せないから

……。もう、値上げしなくていいんじゃないかな

そう思う気持ちもわかるよ（苦笑）。誰でもやっぱり失敗は怖いわけで。一度、お客さんが離れちゃうと、なかなか戻ってこないしね。最後の最後になかなか値上げを踏み切れない経営者はそれなりにいるんだ

値上げの条件は全部クリアしているのに、なぜか値上げができないのは、勇気が出せないだけかもしれません。どんな状況でも不確定要素はあり、ネガティブな面ばかりを考えてしまうかもしれませんが、一方ではメリットもあるはず。最後の最後は思い切って決断する勇気も必要です。

これらの７つのうち、理由は１つとは限りません。２つ３つある場合もあります。

まず、自分が何を恐れているかを知れば、一歩前に進めるでしょう。

Money and Accounting

値上げの前にシミュレーションしよう

◉値上げが会社と社員に与えるインパクト

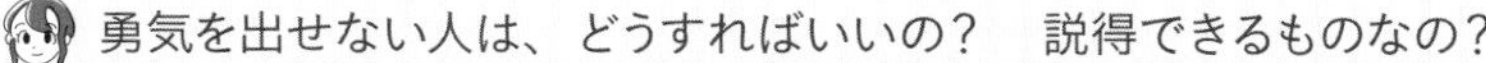

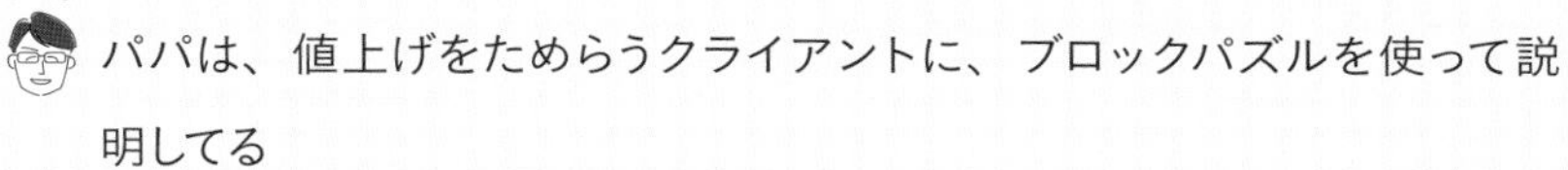

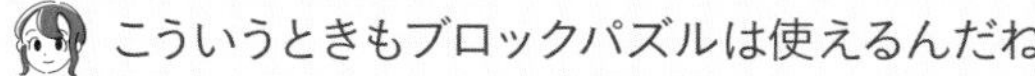

　これから説明するのは、開業当時の自費診療の価格をそのまま据え置きしている歯科医院の例です。

　この歯科医院が値上げをしたい理由は、主に２つです。

・歯科医師の経験値や技術は開業当初の10年前より向上している。
・治療に使う材料も進化していて、仕入れの価格も上がっている。

　しかし、実際には値上げをしていません。開業当時と同じ値段で治療をして、多くの患者さんから喜びの声をもらっています。

　現在、この歯科医院の売上は7000万円です。そのうち70％は保険診療による売上で、自費診療分の売上は残りの30％で2100万円です。

　粗利率は80%。労働分配率は60％として、この数字は値上げしても維持するものとします。

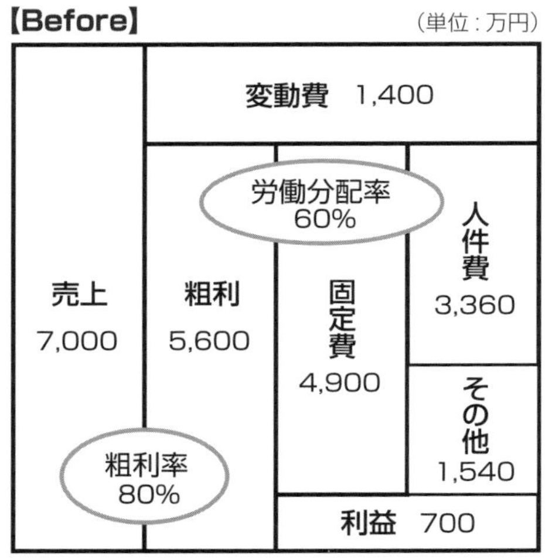

まず、自費診療2100万円の治療全部を一律20％値上げしたとします。この場合、単純に治療代に1.2をかけるだけです。

さて、問題。**仮に自費診療のすべてを20%値上げしても患者が離れなかった場合、粗利、利益、人件費はそれぞれいくらになるでしょうか？**

電卓、電卓

それじゃ、いくよ。価格を20%値上げして患者数が同じなら、売上も20%アップするから、いくらになるかな？

えーと、2100万円×1.2は2520万円

正解。差額は420万円だね。値上げの場合、材料代などの変動費は変わらないから、売上の増加分の420万円はそのまま粗利の増加分になる、と。次に、値上げ前で売上全体に占める粗利率を80%とすると売上7000万円で粗利はいくらになる？

7000万円×0.8だから、粗利は5600万円

そうだね。それに対して値上げ後は自費診療分の20%値上げで粗利が420万円増えるから、5600万＋420万で粗利は6020万円に増える、と

それは大きいね

★ 歯科医院が売上の30%を占める自費診療を一律20%アップしたら？

●患者数がそのままなら人件費と利益はどうなる？

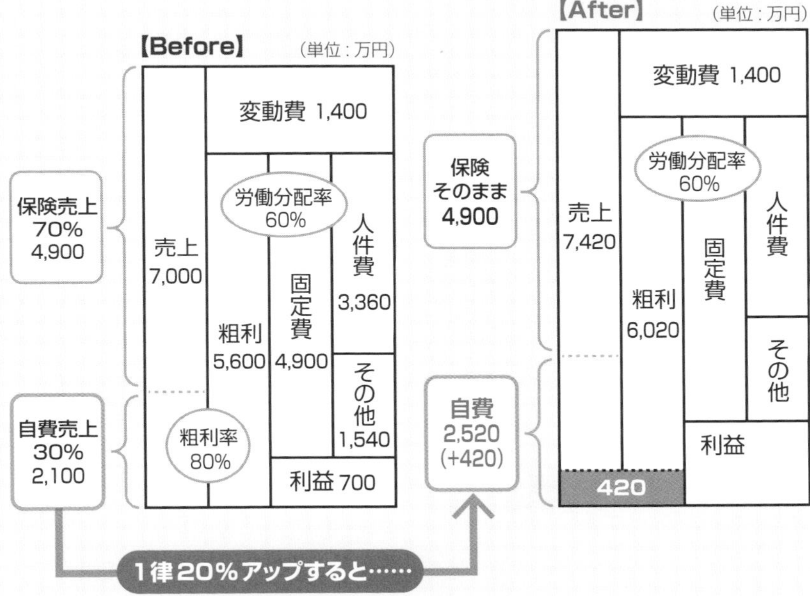

では人件費と利益はどうなるか。労働分配率は60%のまま維持するなら、粗利が増えた分を社員にも還元できて、医院の利益も増える展開になっていくわけだね。粗利の増加分 420 万円のうちの 60%を人件費に振り分けると、人件費は 252 万円増えることになる

粗利が 420 万円増えたうちの 60% の 252 万円が人件費になるならうれしいかも。

元々の給料もあるからね。252 万円をもうちょっと分解すると、スタッフ 10 人としたら、1 人当たりの年間の人件費は約 25 万円のアップになる。これを 12 か月で割ると、1 か月あたりでおよそ 2 万円増やせるということだね。1 か月の給料が 2 万円上がるって、スタッフにとってはかなりインパクト大なんだよ

それってすごいことなの？

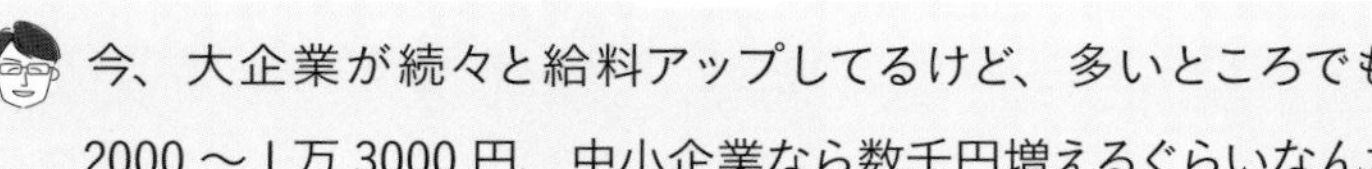

今、大企業が続々と給料アップしてるけど、多いところでも月に1万2000～1万3000円、中小企業なら数千円増えるぐらいなんだよ

えっ、そんなものなの？

銀行には初任給を5万円アップするところもあるんだけど、そもそも、日本の企業の初任給って、海外に比べると安いからね。給料にしても初任給にしても、海外に比べるとまだまだなんじゃないかな。日本の競争力が弱いって言われてるのは、そういうところだよね

それなら、月2万円のアップはかなりいいってことかぁ

そうそう。それで、この場合の利益は、粗利のアップ分から人件費を差し引いたものが利益の増加分、つまり420万－252万=168万円のプラスになる。元々の利益は700万円だったから、868万円となって24%アップするわけ。この医院の場合、売上全体の30%（自費診療）に対して20%を値上げしたら、それだけで10人のスタッフ全員の給料を月額2万円増やせて医院の利益が24%上がる、ってこと

それなら値上げしようって気になりそうだね

そういうこと。こういう数字を見ると、経営者は『これならずいぶん経営しやすくなるな』って気づくんだ。むしろ値上げをして、その代わりに患者さんが離れないための工夫をするとか、患者さんとの関係性を深めることにエネルギーを注いだほうがいいっていう発想になっていく

ここまでざっくり見当をつけたら、今度は1つひとつの商品ごとに世間の相場、地域柄、景気動向、他医院の価格を加味して、「これは20%アップにして、こちらは10%アップに抑えよう」「これは30%上げても大丈夫だ」と詳細に検討すれば、さらに現実的な数字に近づいていきます。

価格設定は売上や利益に直結するので、**経営者は自社の商品やサービスが適正な価格で販売できているかどうか、常に注視しておかなければいけません**。値上げをして顧客を失うリスクもありますが、安すぎる価格は必ず経営を圧迫します。

★ 歯科医院が売上の30%を占める自費診療を一律20%アップしたら?

●患者数がそのままなら人件費と利益はどうなる?

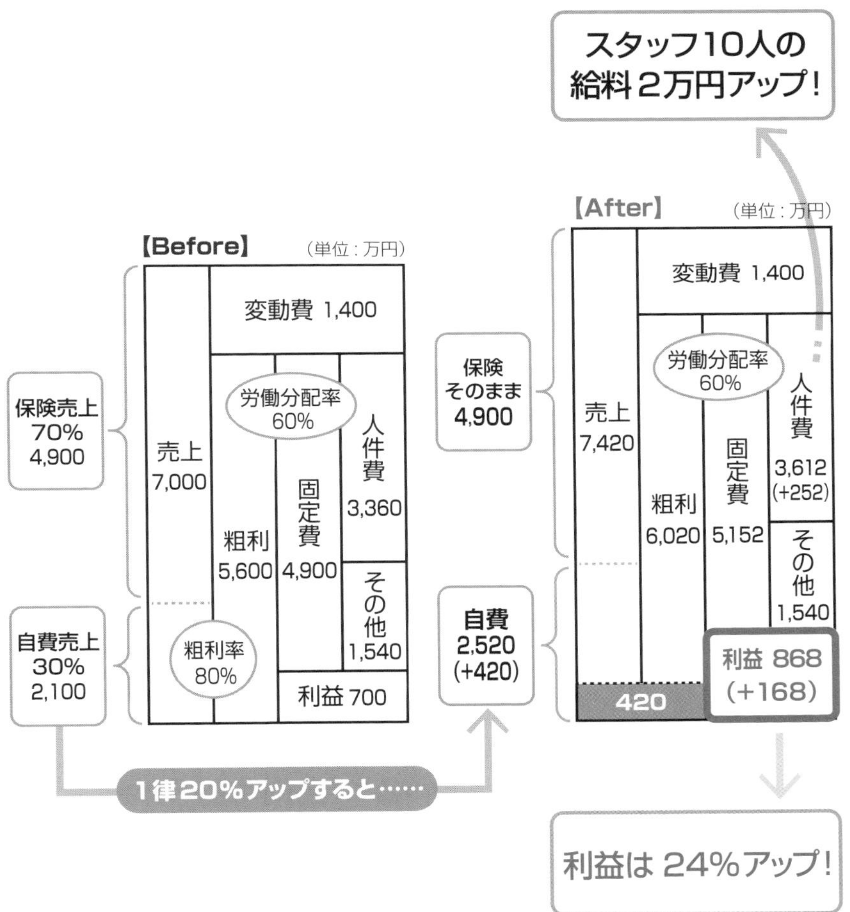

値上げをするかしないかを決めるときは、ブロックパズルを使ってシミュレーションしてみることをおススメします。それでも1人では決断できないときは、顧問税理士や、我々キャッシュフローコーチのような社外の専門家に相談して、納得のいくシミュレーションを何度もしてみるのも一案です。

この章のまとめ

- 値上げできる企業、できない企業の違いは、「付加価値」をつくれているかどうか

- 値づけや値上げの際は、「何と比較されるのか」をマネジメントしよう

- 値上げの前には必ずシミュレーションしよう

- 値上げに成功すれば会社も社員もハッピーになる

第6章

取引先選びや就活にもブロックパズルは応用できる

Money and Accounting

取引先との信頼を深めるブロックパズルの使い方

◉ブロックパズルを使って取引先の信用力を見極める

どんなビジネスでも、基本的に取引先を選んでやっていくことになるんだけど、ブロックパズルを使えば信頼できる取引先を選ぶこともできるんだ

カフェにはあんまり関係ないかな

関係大ありだよ。コーヒー豆とか、ミルクとか砂糖とか、材料を買う会社を選ぶことになるし、機械をリースするならその会社も選ばないといけないし。とくに飲食店は食材が命だから、簡単には選べないかもね

あっ、そっか。スタバだと、コーヒーを入れるプラスチックのカップとか、紙袋とか、いろんなものを仕入れてるから、そういうのを買う相手が必要ってことだね

そういうこと。小さなカフェなら、気になる農家さんから直接仕入れるのでもいいと思うんだ。『北海道ののびのび牧場の牛乳を使ってます』とか、ウリになるしね。お店の規模が大きくなって商社と取引することになったときとかは、ブロックパズルをつくったほうがいいし、実は規模が小さいうちから使い慣れておいたほうが後がラクになる。

そうしたら、何がわかるの？

取引しても大丈夫な会社かどうか。ある日突然倒産したら、困るよね。その会社の材料だからつくれていたものもあるかもしれないし。そこか

ら新たに取引先を探すのって、そんなに簡単じゃないんだ。だからあらかじめ見極めておいたほうがいいってこと

僕は以前、クライアントから新商品の製造を任せる会社を決めたいので、本当にその会社を選ぶべきかどうかを確認して欲しいと依頼されました。

そこで、そのとき候補となっていた会社に決算書（PLとBS）を3年分持ってきてもらって、3年分のブロックパズルをつくることにしました。なぜなら、その会社の実態がシンプルにつかめるからです。

ここで重要になるのが、新しい取引先にふさわしいかどうかの基準です。僕が考える基準は次の3つです。

★ 新しい取引先を選ぶ3つの基準

1. 十分な利益が出せていること
2. 借金が適正範囲内に収まっていること
3. 決算書に怪しさがなくて明快であること

1. 十分な利益が出せていること

これは、言葉を変えると「収支構造がしっかりしていて倒産しない」ということです。製造を始めて商品が売れ始めているのに、製造元が倒産して商品がつくれなくなったら困ります。だから、まず会社として利益が出せていて、かつ持続力があるかどうかが大事です。

2. 借金が適正範囲内に収まっていること

1つ目にも通じることですが、あまり借金が多いと経営が厳しいのは言うまでもありません。過大な借金を抱えていないかどうかを調べるこ

とも必要です。

3. 決算書に怪しさがなくて明快であること

これは、実態は赤字なのに、黒字に見せかけるような不自然な動きがないかという意味です。

たとえば売掛金が急に増えていたり、在庫が急に増えていると、「これは実質不良在庫ではないか？」と疑問が出てきます。そのように、不自然なPLとBSの動きを見ます。

黒字か赤字かだけではなく、不自然な部分について１つひとつ説明を求めて、合理的な説明をしてもらえなければ不安はぬぐえません。

「社長の人当たりがいいから信じられそう」といったあいまいな基準ではなく、数字の面から確認をして不安要素を取り除くことがポイントです。

この３つは全部揃っていたほうがベストですが、今は利益が出ていなくても、取引を始めれば確実に利益が出る見込みがあれば取引してもいいと思います。私が相談されたケースでは、いくつかの不安要素があったので条件付きで取引開始となりました。

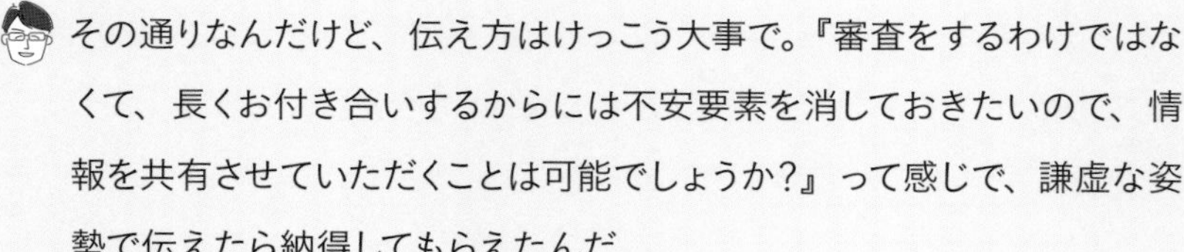

それって、クライアントではない会社の決算書を見せてもらったってこと?

その通りなんだけど、伝え方はけっこう大事で。『審査をするわけではなくて、長くお付き合いするからには不安要素を消しておきたいので、情報を共有させていただくことは可能でしょうか?』って感じで、謙虚な姿勢で伝えたら納得してもらえたんだ

このときは、プロジェクトに関わるメンバー全員に僕を加えて、３年分のブロックパズルを確認しました。これは「オープンブック・マネジ

メント」と呼ばれる方法の応用です。オープンブック・マネジメントとは財務情報（ブック）を関係者に開示して、全員参加型の経営を行っていくマネジメント手法のことです。

こういう場面では社長と幹部クラスだけでなく、若手のリーダー候補生も入れて全員で会話すると、面白い発見ができるものです。若手社員に「何か違和感ある？」と聞くと、思いもよらないところを指摘したりするので、全員が気づきを得られる場合もあります。

このケースは最終的に契約に至りましたが、取引先の財務部長に３か月に１度のミーティングに出席してもらって進捗報告を受けることにしました。３か月ごとのブロックパズルを提出してもらい、財務状況が急に悪化していないかをモニタリングすることにしたのです。

銀行などが融資先に毎年決算書を出すように指導するのはよくありますが、新規の取引先候補にそこまで求めるのは珍しいかもしれません。一方的にお願いするのは気が引けるなら、**自社のブロックパズルも相手に見せて、相互に確認し合う**のなら話を進めやすいのではないかと思います。

★ お互いのブロックパズルを見せ合う関係に

Money and Accounting

2 就活や婚活にもブロックパズルは応用できる

◎ブロックパズルを使った就職先・転職先の選び方

ユキがこれから絶対身につけておいたほうがいいことがあるんだけど

あっ、おいしいコーヒーを入れられるようになるってこと？　パパとママに練習台になってもらおうかなって思ってて

うん、それは毎日でも飲むけど。ブロックパズルは『よい就職先・悪い就職先』を見抜けるようになるって話、知りたくない？

ウソ、それは絶対に知りたい！

でしょ？　といっても、就職先に自分が何を求めるかによって、よい・悪いの判断基準は変わるんだ。ユキは長期的に１つの会社に勤めるより、いずれ起業したいって考えでしょ？

うん。あと、入った会社が自分に合ってたらいいけど、そうでなかったら転職することになるだろうし

そうだよね。たとえば、長期的に安定した雇用を求める人には、その会社が長期的に安定しているかどうかが重要になる。

仕事の中身や会社の理念などはまた別に考えるとして、会計の視点から長期的に働きたい会社を選ぶには、

- **固定費の伸び率よりも粗利の伸び率が大きい**
- **値上げをしても客数が減らない**

・利益率が高く、借金は適正範囲内である

・売上や粗利の伸び率が高い、つまり成長が期待できる

これらの条件を、ブロックパズルをつくって分析してみればいいということです。

これらの条件が当てはまらない会社は、長く勤めるのにはあまり向いていないかもしれない、と考えられます。

ユキのように、いつか自分で起業したいとか、転職してキャリアアップしたいって考えてる人は長期の安定はいらないよね。そういう人にとっては、たとえば報酬が高いほうが重要だから、ブロックパズルで十分な利益が出ているか、適正な人件費と労働分配率になっているかを見る必要がある。利益が出ているのに人件費に十分還元されていないとしたら、その会社は社員にとってはあまり報われない、悪い就職先という可能性がある

うーん、でも、報酬が高ければどこでもいいってわけでもないかな

そうだよね。ブロックパズルとは全然違う話になるけど、たとえばカバン屋さんがあったとして、小規模だからみんなが企画会議から関わって、販売もするし、仕入れにも行くし、お客さんのクレームの対応もするような、全部に関われるような会社だったとしたら『ここ、絶対いいよ、将来起業する上で成長できるよ』って僕なら勧めると思う

私も、そういうところのほうが、面白そうな気がする

でしょ？　大企業だと本当に業務の中の一部分しか任されなかったりするから、完全に歯車になっちゃうっていうか。最初の経歴が大企業だと、その後転職しやすいっていうメリットはあるけど、働く経験値はそれほど高められなかったりするんだよね。だから、ベンチャー企業とかでありとあらゆることを経験するほうが、着実にキャリアを築いていける。そういう働く環境も考えながら、自分に合う会社を選んで欲しいって思う

◉プライベートにもPLとBSがある

せっかくだから、この機会に大事なことを話しておこうかな

えっ、いきなり改まって、どうしたの？

いつかユキが結婚したい相手を見つけたときの話。もちろん、相手の性格とか相性が自分と合ったうえでの話だよ。『愛さえあればお金なんて』って考え方もあるけど、そうは言っても生活していくにはお金が必要なわけで。結婚前にお互いのお金の状況がどうなっているのか、知っておいたほうがいいと思うんだ

ホント、いきなりの話題だね……それももしかして、ブロックパズルをつくろうって話？

そのとおり！　お互いのブロックパズルをつくって、今後のことを考えたほうがいいよ、って話

Aさんと B さんがいます。

A さんは年収 1200万円で、月に100万円の収入があるとします。支出で1100 万円払って、利益、つまり貯金に回せるお金が100万円あります。

こういう人、どう思う？

すっごく稼いでる人だって思う

そう思うよね。この人のBSを見ると、まず右側の純資産は1億円。その内訳は現金として1000万円を持っていて、自宅が9000万円の価値がある。借金はなくて合計総資産は1億円。銀行にお金を借りないで9000万円の自宅を買ったってことだね。素晴らしいよね

★ 同じ年収・資産でも実態は大違い!?

一方で、Bさんは同じ収入で、年収1200万円、支出1100万円、貯金に回せるお金100万円というところも同じです。ところが、BSが違います。現金1000万円と自宅9000万円は一緒ですが、その自宅を9000万円の借金をして買ったので、純資産は1000万円しかありません。これから30年かけてローンを返す人生が待っています。

★ 資産の調達元をきちんと把握しよう

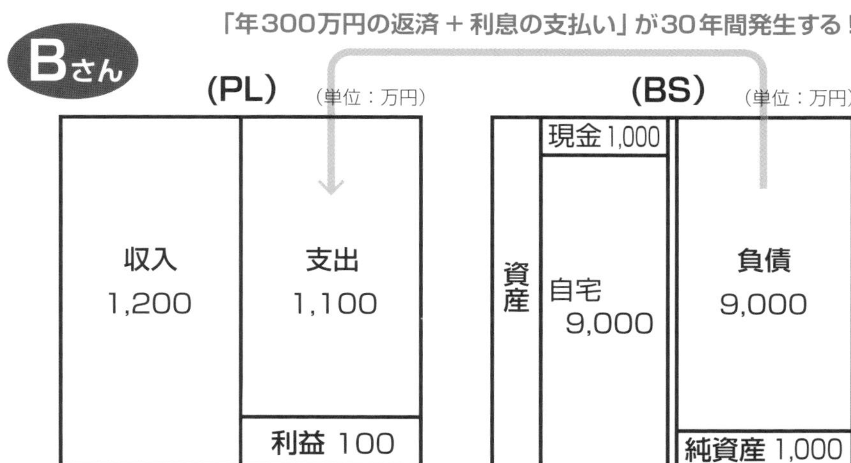

ちょっと想像して欲しいんだけど。Aさんと B さん、暮らしぶりって違うかな？　収入は同じ、残る利益も同じ。預金が 1000万円あるのも同じ。自宅も 9000万円で同じレベル。大富豪ではないんだけど、そこそこ余裕のある生活はできそうというのがわかるよね

そこそこどころか、すごく余裕のある生活みたいだけど

そう見えるけど、A さんと B さんでは精神衛生上の違いがあると思わない？　B さんは、9000万円の負債だと年間 300万円の返済を 30 年間しなきゃいけなくなる。プラス利息も発生する。年間 300万円ということは、月に 25万円の返済だね。年収 1200万円だから月に 100 万円の収入があるんだけど、25万円、つまり額面の 4 分の 1 はローンの返済で使うってことになる。正味 75万円に減るわけ。しかも利息を払うと、実際に残るのは 65万円ぐらいになる。100万円フルで使える A さんと、返済があるから 65万円にガクンと減る B さんでは、使える余力がだいぶ違うよね。しかもそれが 30年続くわけ、B さんは

それでも月に 65万円は多いって感じるけど、そこから税金とか食費とか水道光熱費とか、いろんなものが引かれるんだよね

そうそう。子どもが生まれたら子育て費用や学費とかもかかるわけで。ここでは、性格や相性はひとまず置いておいて、表面的には同じような稼ぎがある A さんと B さんがいたら、ユキはどっちと結婚する？

迷うことなく A さん

だよね。まあ、愛があれば借金も乗り越えられるかもしれないけど、9000万円はキツイよね。今は極端な話をしてるけど、じゃあ、3000万円の家だったらどうなのか。その場合、30年ローンだったら年に 100万円返せばいいことになる。それなら月 8 万円ちょいだから、それほど負担にはならないよね。ユキも相手も若いから、早くにローンを完済しちゃえば、後は悠々自適の生活をできるって考え方もある

うん。でも、すでに家を持ってる人って、どうなんだろ？　結婚してマイ

ホームが必要になって2人で探してローンを組んだりするならまだいいけど、相手が買った家を自分が気に入るかどうかもわからないし

すごく現実的な意見をありがとう（笑）。まあ、極端な話をしたけど、言いたかったのは表向きの収入とか、見た目の現金や家とか車に惑わされずに、BSの右側の資金の調達元をちゃんと把握しといたほうがいいよってこと。BSの左側は見かけで、右側はその人の実態がわかるっていうか。個人も会社もどちらもPLとBSがあって、それをざっくりでもいいからつかんでおくと、後々トラブルにならないよねってこと

ただ、相手に教えてもらわないとブロックパズルをつくれないよね。『この家、ローンを組んで買ったの？』とか、聞きづらい気がするんだけど

まあ、それはそうだよね。でも、結婚するんだったら、お互いの財産について知っておいたほうがいいからって理由で聞き出せるんじゃない？

私のブロックパズルもつくって見せれば、『いいよ』って言ってもらえるかな

ゲーム感覚でね。とにかく、何も知らないで結婚したら『借金があるなんて聞いてない！』ってのちのちケンカのタネになったりするかもしれないから、事前に知っておくのをおススメする。そのうえで借金があっても結婚するなら、これからの返済計画を2人で立てて、ムリのない生活をしていけばいいんだし。それと、結婚相手を年収で選べなんてことは言ってないから、そこは誤解しないように

ブロックパズルが結婚にも使えるなんて、意外な教えだったよ

◉相手を知ることがはじめの一歩

ここまで、いろんな話をしてきたけど、会計についてどう思った？

普通の会計は難しいって思うけど、ブロックパズルを使うなら、会計の

入り口だけでも理解できそうって感じ

それならよかった。難しそうって理由で何も知らないでいるより、少しでも知識があると、自分の世界が広がると思うんだよね

うん、パパとやりとりしながら、カフェを開くときのイメージが段々具体的になってきた

それが大事なんだ。ふわっとしたまんまのイメージだと、いつまでも起業できないだろうし、ふわっとしたまま起業したら、それはそれで大変なことになるし。経営を考え始めたら、会計について知ることがはじめの一歩だって思う。今回の体験を通して、ユキはかなりの知識をインプットできたでしょ？

うん、もう毎回パンパンで、夢の中にブロックパズルが出てきそうな勢いだよ

それぐらいに刷り込まれたら、それはそれで自分の血肉になったってことかもね。お金のブロックパズルは"知識"ではなく、これを使って、自分がやりたいことをお金の不自由なく実現するための"道具"であり"言

★ブロックパズルは「言語」である

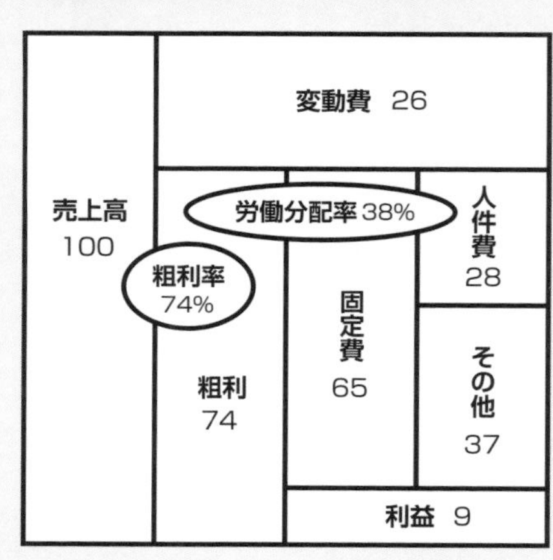

使いみちは幅広い

- 取引先の見極め
- 就職先・転職先選び
- パートナー選び

……

語"なんだ。会計以外にも、面白そうって直感できたら、なんでもやってみるぐらいでいいと思う。完璧主義の人だと、『こんなの、やるだけ時間のムダじゃない?』とかいろんなやらない理由を見つけて、何も行動しなかったりするんだ。それだと、結局何もインプットできないまま終わっちゃうからね

パパの影響で、行動力はけっこうある気がするよ。海外へ留学も行ったしね

確かに、そうだね。それと、お困りごとリサーチは継続的にやっていくといいと思うよ。そうすれば、『これってもっとこうだったらいいのにな』とか、『こうなったらもっといい世の中になるのにな』とか考えるようになるかもしれない。もしかしたら、カフェじゃなくて、全然違うビジネスを始めるかもしれないし、社会起業家になったりするかもしれないしね

ええ〜、そんなすごいことはできないよお

今は若くして社会起業家になる人が増えてきたけど、必ずしも『世の中を変えよう!』って立ち上がったわけじゃなくて、身近にいる困っている人を助けたくてあれこれ動いているうちに活動が広がっていった、って人も多いと思う。だから、『もっとこうだったらいいのに』って小さな発見をして理想をイメージしてみることが大事なんだ

うん、お困りごとリサーチはやってみたいって思う

そして、何か思いついたら、人に話してみること。『こういうのどうかな?』って、誰かに話すのはアウトプットになるし、最大の自己投資になる。『それだと、こういう場合に困らない?』とか突っ込まれたら、そこで初めて、もっと調べてみようってなって、自分に知識がストックされていくからね

私の場合、パパやママに話したら聞いてくれるし

欲しいものプレゼンみたいにね(123ページ参照)。ユキはこれから就職活動でどんな職業を選んでいいかわかんないって思うかもしれないけど、

それは当たり前で、パパも大学３年生のころはさっぱりわからなかったから。自分に向いている仕事、向いてない仕事なんて、結局のところ、やってみないとわからないものなんだよね。どんな適性があるかなんて、受験勉強しかしてこなかった学生にはわかるわけないし

先輩の話を聞いてると、就活の面接で、『自分はこういう理由でこの会社に向いていると思う』とかアピールするのって、難しそうって思う。だって、その会社のことも知らないし、自分が何ができるかなんてわからないし

そうだよね。だから、焦らずに、いろいろ体験するうちに自分が得意なことや好きなことは見つかるんだろうって思うぐらいがちょうどいいと思う。20 代で自分が本当に何をやりたいのかを見つけられたら上出来、って感じじゃないかな。それを見つけるためには、節目節目で振り返ることが大事。たとえば正月とかお盆休みとか新年度の始まりとか。そういう節目で、『自分は本当はこれがやりたいんじゃないか』って自分なりにまとめて仮説を立ててみると、自分の進む道が見えてくると思うよ

今、思いついた！　あのね、ブロックパズルを教えるカフェってどうかな。これから起業する人も、もう会社を経営してる人も、会社で働いてる人も、主婦も子どもも、みんなブロックパズルを知っておけば、お金のお困りごとを解決できるじゃない？　世の中に役立つカフェになる気がする

おおお〜、それは今までにない発想！　シンプルにやりたいことが見つかったね。それなら、パパが時々、講師になって教えるよ

うん、お願いね♪

★ ブロックパズルを教えるカフェが大繁盛

この章のまとめ

- 取引先を見極める際にもブロックパズルは役立つ
- ブロックパズルは就職先やパートナー選びの判断基準も示してくれる
- ブロックパズルをフル活用して、「やりたいこと」をシンプルに実現しよう

◉おわりに

たった一度の人生、やりたいことは全部やろう！

最後までおつきあいくださり、ありがとうございます。

本書は、僕が27歳でコンサルタント会社を起業してから25年間、自らも実践し、クライアントやコンサルタントの仲間たちに伝えてきた「お金や会計の知恵」を、経営にたずさわる人やこれから起業にチャレンジする人、その人を支援する人に向けてわかりやすく噛み砕いてまとめたものです。

僕が20代から30代にかけて最も影響を受けた方に、東京ディズニーランドの総合プロデュースなど数々の偉業を遂げた堀貞一郎先生がいます。当時70代だった彼は生前、「20歳以上、歳の離れた友達を持て」と教えてくれました。30代の頃はあまりピンと来ませんでしたが、50歳を超えた今、その大切さを肌身に感じています。

世代の違う人から学べることは多い。そして、自分が経験を通して得た知恵を後世に伝えたい。堀先生はそれを実感したからこそ、そう教えてくれたのだと思います。

そして、気がつけば僕の娘も大学生になり、どんな社会人になるかを考える歳になりました。この機会に、最も身近な存在である娘に「お金や会計の知恵」を伝授し、そのプロセスがそのまま同世代の若い人たちをはじめ、多くの人たちが起業や経営を考える上でお役に立てばうれしいと思い、本書を執筆しました（本書は、娘に個別授業を行った対話をもとに、創作を加えて読みやすく構成しています）。

逆に言えば、本書の企画が実現したおかげで、最高のタイミングで愛する娘に大切なことを、直接伝えることができました。その意味でも、本書を読んでくださった皆さんに御礼を申し上げます。

本書を通して、僕が一番伝えたかったこと。

それは、「たった一度の人生、やりたいことは全部やろう！」です。

やりたいことや理想・ビジョンを実現するうえで、お金は必要です。

お金の流れがずっと続くことで、やりたいことを続けることができます。

僕は、それを多くの人たちと共有したくて、キャッシュフローコーチ®という新たな職業をつくり、全国に仲間をつくりました。

将来、本書を読まれた皆さんの中から、新たにキャッシュフローコーチ® が誕生して、経営者を支援する同志になれたら幸せです。

最後に。

本書が、皆さんのビジョンの実現の一助になることを願っています。

2023年10月

和仁　達也

著者から読者の皆さんへのプレゼント

**『コンサルタントの父が大学生の娘に教える
シンプルな会計』　＜特別編＞**

～ 20代のお金の使い方 ～

僕が娘に行った授業が、熱量が高過ぎて予定を超過したため、涙を飲んでカットした原稿がA4判で20ページ以上あります。そのままお蔵入りさせるのは惜しい、ということで、読者の皆さんにプレゼントします。

20代のうちにコツコツお金を貯金しておくことが大事だという考え方があります。しかし、先の人生の長さを考えると、20代は自分に投資することで最も大きなリターンが得られます。

ただ、僕もそうでしたが、20代は多くの人がお金はありません。

「その少ないお金をどう使うと、人生トータルでリターンが増えるか？」について、僕自身の経験・反省も含めて娘に伝えたことをレポートにまとめました。

〈トピック〉

- ☑ 20代、30代、40代、50代以降の「お金の使い方」戦略
- ☑ ブロックパズルでわかる、「投資の考え方」
- ☑ 「おいしい話」の落とし穴を見抜く
- ☑ これから生き残る会社が、「社員の学び」に投資する理由
- ☑ 社員と会社が新たなパートナーシップを結ぶ時代が来る

右の QR コードまたは URL から入手して、
お楽しみください。

https://wani-mc.com/simplekaikeirepo/

最後に、本書の次のステップに進みたい方へ。経営者の方には『お金の流れが一目でわかる！　超★ドンブリ経営のすすめ』（ダイヤモンド社）が、コンサルタントの方には『コンサルタントの経営数字の教科書』（かんき出版）がお役に立てます。本書と合わせてお楽しみいただければ幸いです。

【著者紹介】

和仁　達也（わに・たつや）

◉——1972年生まれ。ビジョンとお金を両立させる専門家、ビジョナリーパートナー。(株)ワニマネジメントコンサルティング代表取締役。1999年1月に27歳でコンサルティング会社を起業。顧問契約が通常1年未満で終わると言われるなか、平均10年以上、なかには25年以上の長期契約を実現してきた、独立系コンサルタントのロールモデル的存在。

◉——「難しいことを、わかりやすく楽しく」解説する能力を買われ、2008年に品川女子学院（高校）にて「ビジネスと人生で使えるお金の授業」を行う。オリジナルツールである「お金のブロックパズル」を使った解説が人気を呼び、テレビ番組『カンブリア宮殿』でも紹介された。その授業から生まれた著書『世界一受けたいお金の授業』（三笠書房）は累計10万部を超えるベストセラーになっている。

◉——「お金のブロックパズル」は、会計や会社の数字がシンプルにわかる、と経営者をはじめコンサルタントや税理士、社労士など士業からも高い支持を得ている。2015年には、一般社団法人日本キャッシュフローコーチ協会を設立し、代表理事に就任。全国にいる800人超のキャッシュフローコーチ® とともに、「お金のブロックパズル」を活用しながら、経営者のビジョンとお金を両立させるサポートに尽力している。

◉——著書に、累計4万部超の『お金の流れが一目でわかる！ 超★ドンブリ経営のすすめ』（ダイヤモンド社）、発売2か月で2.7万部『年間報酬3000万円超えが10年続くコンサルタントの教科書』（かんき出版）、Amazon総合1位『夢現力』（ゴマブックス）、本体価格4000円と高額ながら歯科医院の10件に1件が購読しているといわれる『ドクターをお金の悩みから解放するキャッシュフロー経営って？』（デンタルダイヤモンド社）、ほか多数。

■公式サイト　https://www.wani-mc.com/
　　　　　　　https://www.jcfca.com/

コンサルタントの父(ちち)が大学生(だいがくせい)の娘(むすめ)に教(おし)えるシンプルな会計(かいけい)

2023年 11月 20日　第1刷発行
2024年　1月 12日　第2刷発行

著　者——和仁　達也
発行者——齊藤　龍男
発行所——株式会社かんき出版
東京都千代田区麴町4-1-4 西脇ビル　〒102-0083
電話　営業部：03(3262)8011㈹　編集部：03(3262)8012㈹
FAX　03(3234)4421　　振替　00100-2-62304
https://kanki-pub.co.jp/

印刷所——図書印刷株式会社

ISBN 978-4-7612-7701-7 C0034